EVIDÊNCIA CRISTÃ

EM DEFESA DO CRISTIANISMO

EAD - ENSINO MÉDIO TEOLÓGICO A DISTÂNCIA

Título original:

Evidência Cristã - Em Defesa do Cristianismo

14ª Reimpressão 2024

Rua São João Bosco, 1114 – Santana
12403-010 – Pindamonhangaba, SP
Tel – (12) 3642-5188
www.ibad.com.br

Impresso no Brasil

Coordenação
Pr. Mark Jonathan Lemos

Todas as citações bíblicas foram extraídas da versão revista e corrigida, salvo indicação ao contrário.

Dados Internacionais de catalogação na publicação (cip)
(Câmara Brasileira do Livro, SP, Brasil)

Lemos, Doris
Evidência Cristã: Em Defesa do Cristianismo
Pindamonhangaba: IBAD, 2010
ISBN - 978-85-60068-22-7

Índice para catálogo sistemático
Evidência Cristã: Cristianismo: Antigo Testamento, Novo Testamento: Religião

EVIDÊNCIA CRISTÃ

EM DEFESA DO CRISTIANISMO

Curso Médio de Teologia

EAD - ENSINO MÉDIO TEOLÓGICO A DISTÂNCIA

Sobre o livro

Categoria – Religião

Fim da execução – Maio de 2010

14ª Reimpressão Janeiro de 2024

Formato – 16 x 23 cm
Mancha – 12,3 x 19,2 cm

Tipo e corpo: Garamond 10
Papel: Offset 75g/m2
Tiragem: 3000 exemplares

Impresso no Brasil – Printed in Brazil

Equipe de Realização

Supervisão: Pr. Mark Jonathan Lemos

Fotolito: MJ Serviços de composição

Produção Editorial Coordenação

Pr. Mark Jonathan Lemos

Edição e Publicação
Pr. Mark Jonathan Lemos

Revisão Teológica
Emerson de Moura Cavalheiro

Revisão de Português
Sílvia Helena Siqueira

Sumário

Apresentação

Em 15 de Outubro de 1958, começavam a tomar forma o sonho e a visão dados por Deus aos missionários João Kolenda Lemos e sua esposa, Ruth Doris Lemos. Nesta data, nasceu o IBAD, com o objetivo de proporcionar aos jovens vocacionados a oportunidade de se preparem para melhor servir o Senhor.

Na trajetória destas cinco décadas, o IBAD tem se mantido fiel à sua missão. Hoje, mais de quatro mil ex-alunos trabalham na Seara do Mestre como pastores, missionários, evangelistas, autores, conferencistas e em outras áreas do serviço cristão. Estes homens e mulheres atuam em todos os estados do Brasil e em 31 nações. O sol nunca se põe sobre os ex-alunos do IBAD.

Atento às necessidades educacionais da Igreja, o IBAD desenvolveu um projeto para atender um público que deseja um maior conhecimento e preparo na Palavra de Deus. Esse projeto é denominado Curso de Teologia a Distância, apresentado em 24 livros que oferecem ao estudante a oportunidade de obter uma base sólida para o serviço cristão.

Essa coleção teológica é fruto de meio século de experiência, tradição e qualidade no ensino da Palavra de Deus. Os autores dessa coleção são professores e ex-alunos do IBAD, homens e mulheres ativos no ministério do ensino teológico, que promovem, dessa forma, a visão e a missão dessa Instituição.

Este livro foi escrito pela Missionária Ruth Doris Lemos, de saudosa memória. A mesma, juntamente com seu esposo, Pr. Joao Kolenda Lemos foram os fundadores do IBAD. Formou-se em Teologia pelo Great Lakes Bible Institute, nos E.U.A. A missionária Doris Lemos dedicou a sua vida ao ensino teológico do Brasil.

O apóstolo Paulo declara em II Tm 2.15 - "Procura apresentar-te a Deus aprovado, como obreiro que não tem de que se envergonhar, que maneja bem a palavra da verdade". Tenho certeza que este livro, bem como toda a coleção teológica, será de grande valor para sua edificação espiritual e seu embasamento na formação ministerial.

Reverendo Mark Jonathan Lemos
Diretor do IBAD

Como estudar a distância

Caro estudante,

Nosso curso a distância foi estruturado com o objetivo de atender a todos que desejam ter maior entendimento sobre a Bíblia. Para atingir esse objetivo, tivemos o cuidado de planejar e produzir um material adequado para proporcionar a você a melhor experiência educacional possível. Nesse planejamento, chegamos à conclusão de que os livros deveriam não só ter um bom conteúdo, mas também ser acessível a todas as pessoas que desejam ter maior conhecimento das Escrituras Sagradas. Também observamos a necessidade de atender pessoas de qualquer região do país, com diferentes níveis de conhecimento. A partir de tais critérios, desenvolvemos uma coleção de vinte e quatro livros, a qual se constitui em um curso Médio de Teologia a distância.

Esses vinte e quatro livros, escritos de forma clara e objetiva, apresentam, de modo geral, vinte capítulos divididos em quatro unidades. Em cada unidade e em cada capítulo, há sempre uma introdução para que o leitor tenha ciência do que estudará naquela unidade e naquele capítulo. Tudo isso foi realizado com o intuito de facilitar a leitura. Com esse mesmo intuito, solicitamos que você observe as orientações para o estudo.

1- Recomendações para melhor aproveitamento de seu curso

Esse estudo requer atitudes próprias de qualquer estudante, porém ele tem como objetivo essencial abençoar sua vida cristã e dar-lhe instrumentos para que você desen-volva o ministério cristão com maior eficácia. Isso implica que serão necessárias, de sua parte, atitudes espirituais corretas, tais como:

1) Ore sempre antes de começar a lição. Isso preparará o seu coração para receber não apenas as informações, mas principalmente os princípios que serão úteis na sua vida com Deus.

2) Tenha o cuidado de sempre consultar a Bíblia. A leitura bíblica é primordial e insubstituível. Quanto mais você conhecer a Bíblia pela leitura diária, mais facilidade terá na compreensão de estudos que lhe auxiliarão no conhecimento dela.

3) Tenha sempre uma atitude de humildade. Deus revela verdades importantes àqueles que mantém essa atitude em seus corações.

Além desses cuidados, atente também para a dedicação, a disciplina e a perseverança, atitudes essenciais para a obtenção de êxito em todas atividades. Ao iniciar este curso de Teologia, conscientize-se da importância da manutenção desses princípios para o sucesso de sua aprendizagem. Concentre-se sempre no que estiver fazendo, pois a vida está no presente. O passado é a fonte das experiências, e o futuro, um tempo que deve ser planejado para que, quando transformado em presente, possibilite a colheita do que foi plantado, isto é, a obtenção dos resultados desejados. Se mantivermos tudo isso em mente, teremos sempre grandes chances de alcançarmos nossos objetivos.

2 - Regras Básicas para a Compreensão do Texto

A leitura bem sucedida – compreensão de texto - requer do leitor a observância de alguns procedimentos básicos. São eles:

- Leitura do texto – Ao iniciar seu estudo, preste atenção à apresentação do livro e à introdução de cada unidade e de cada capítulo. Isto é importante porque essas introduções facilitarão sua compreensão do texto.
- Leitura de unidades de pensamento – A leitura de palavras, ao contrário da de unidades de pensamento, faz com que o leitor interprete um texto erroneamente. Isto significa que não devemos ler palavra por palavra e sim atentar para a ideia geral do texto.
- Conhecimento do vocabulário – O conhecimento do significado das palavras auxilia todo o processo de leitura. Por isso, tenha sempre à mão um dicio nário da língua portuguesa e também um dicionário ou enciclopédia bíblica. É importante que essa consulta ao dicionário seja feita somente após uma primeira leitura do texto para que você não corra o risco de fazer uma leitura com interpretação inadequada.
- Leitura de diversos tipos de texto – A diversidade de textos permite que o leitor não só amplie seus conhecimentos, como também adquira maior habilidade para leitura. Procure ler outros livros que falem sobre o mesmo assunto.

3- Aplicação Pessoal

- Questões para reflexão – Em todos os capítulos, há questões com o objetivo de levar o estudante a refletir sobre os temas abordados, bem como fazer uma aplicação dos mesmos à realidade atual.
- Exercícios – No final de cada livro, o estudante encontrará exercícios relacionados a cada capítulo estudado para a verificação do conhecimento e fixação do conteúdo.

Introdução

O presente livro tem por objetivo o estudo racional e sistemático de evidências e de provas da integridade, autoridade e autenticidade da religião Cristã. Este estudo profundo do Cristianismo reúne provas externas provenientes de fontes históricas, científicas, documentárias e arqueológicas; e provas internas extraídas das Escrituras Sagradas. E, pelo fato de existirem críticas e argumentos sutis e destrutivos feitos contra a inspiração divina da Bíblia, a existência de Deus e a deidade de Jesus Cristo, é de suma importância este estudo. Pois, se cremos que o Cristianismo é a única religião verdadeira no mundo hodierno, autorizada por Deus, estas provas apresentadas precisam ser claras, verídicas e convincentes ao bom senso e ao raciocínio humano.

O livro apresenta estudos comparativos de religiões não-cristãs e novos grupos pseudocristãos. Atualmente o Cristianismo tem mudado seu caráter original e exclusivo, e se tornado abrangente, incluindo grupos que dizem ser cristãos. Estes aceitam a existência da pessoa de Jesus Cristo, usam a Bíblia como um livro de referência, e até colocam Cristo como o centro do seu credo e ritual; porém, não seguem, nem vivem os ensinos de Cristo e da Bíblia. Eis mais motivos para estudar-se este tema, corrigir equívocos e esclarecer dúvidas a respeito do verdadeiro Cristianismo.

Nossa declaração sobre o caráter único do Cristianismo visa ao "Cristianismo Verdadeiro", que segue, ensina e pratica os preceitos bíblicos. Dentro desta definição exclusiva e específica da religião cristã, nós nos limitamos a defender somente o que chamamos de "Cristianismo Verdadeiro". Este estudo não apenas visa à preparação apologética do leitor, mas, em particular, almeja fortalecer a sua própria fé cristã.

Este livro esta dividido em quatro unidades. Na primeira unidade, intitulada A Necessidade de Evidência Cristã, abordaremos os seguintes assuntos: a importância de evidência cristã nos primeiros séculos da igreja, conceitos teológicos, reflexões sobre a verdade e a fé, o desafio do liberalismo teológico e evidência cristã no pós-modernismo. Na segunda, A Bíblia, o Livro-Guia do Cristianismo, falaremos a respeito das razões para a defesa das sagradas escrituras, a autoridade bíblica – provas externas, a integridade bíblica - provas internas e profecia: respostas do cristianismo aos críticos da bíblia. Na terceira unidade, Os Fundamentos Teológicos da Fé Cristã, estudaremos sobre a existência de Deus, o criacionismo bíblico, a realidade do pecado e da salvação, a divindade de Jesus Cristo e a vida eterna. Na quarta e última unidade, intitulada Evidência Histórica da Fé Cristã, discutiremos a interação de Deus na história, as profecias cumpridas na história, a contribuição histórica do cristianismo, a historicidade de Cristo e finalizaremos falando sobre a singularidade da experiência cristã. No final do livro, há perguntas, onde o aluno poderá avaliar o seu aproveitamento desta disciplina tão importante para o cristão. Este estudo poderá também ser continuado, se assim o aluno desejar, através de outros livros apresentados na Bibliografia.

A NECESSIDADE DA EVIDÊNCIA CRISTÃ

O verdadeiro cristão precisa não só ter certeza e base sobre aquilo que crê, mas também transmitir resoluto e inteligentemente suas convicções. Por isso, nesta unidade, verificaremos a importância de estudar evidência cristã e de estarmos preparados para responder às questões ou às críticas que nos são direcionadas a respeito de nossa crença nas Sagradas Escrituras. Isto se faz necessário devido aos constantes ataques à veracidade e integridade da Bíblia, fundamento da fé cristã.

Assim sendo, no primeiro capítulo, estudaremos a importância da evidência cristã nos primeiros séculos da igreja, pois o cristianismo, ao longo de dois mil anos, tem reivindicado a autoridade de ser uma religião superior dentre todas as outras religiões, no segundo capítulo, definiremos os conceitos teológicos, apresentando um glossário com explicação de alguns termos de uso corrente na teologia; no terceiro capítulo, olharemos as reflexões sobre a verdade e a fé; em um primeiro momento, refletiremos sobre a verdade, sua definição e teses para seu julgamento, buscando seu sentido teológico, em seguida, analisaremos a natureza da fé, como prová-la e sua forma de atuação no indivíduo; no quarto capítulo, trabalharemos o desafio do liberalismo teológico, as transformações históricas ocasionadas pelo Iluminismo, que afetaram sensivelmente a Teologia Cristã e, por último, no quinto capítulo, abordaremos a evidência cristã no pós-modernismo, onde os historiadores encontram sempre dificuldades para de finir, com precisão, o momento exato da transição histórica de um período para o outro.

CAPÍTULO 1

A Importância da Evidência Cristã nos Primeiros Séculos da Igreja

O Cristianismo, ao longo de dois mil anos, tem reivindicado a autoridade de ser uma religião superior dentre todas as outras religiões. Essa reivindicação foi afirmada inicialmente pelo próprio Cristo, quando vi veu na Terra e declarou-se o "único caminho de acesso a Deus" (Jo 14.6). Em seguida, os cristãos continuaram afirmando a supremacia da Fé Cristã.

É importante salientar que o argumento que enfatiza a superioridade do Cristianismo não se baseia em ideias subjetivas, sem coerência ou fundamentação. Pelo contrário, a Fé Cristã, baseada na Revelação de Deus por meio de Jesus Cristo, é um fenômeno histórico e tem sustentação no raciocínio lógico e em muitos fatos cientificamente comprovados.

1.1- A Importância da Evidência Cristã na Era Apostólica

O surgimento do Cristianismo se deu em um período de desafios culturais que exigiu dos cristãos plena convicção de fé e de argumentos que comprovassem a reivindicação de que Jesus Cristo era o único caminho que levava a Deus. É importante observar que os Apóstolos, no primeiro século da Era Cristã, tiveram que lidar com a resistência dos judeus em aceitar a Divindade de Cristo, e dos gregos e romanos que negavam a singularidade de uma religião apenas.

1.1.1- O Cristianismo e a Cultura Judaica

No ambiente da Palestina, onde surgiram os primeiros seguidores de Cristo, o desafio cultural era o monoteísmo judaico, que negava qualquer possibilidade de aceitar o fato de que Deus havia encarnado, assim como afirmavam os discípulos acerca de Jesus. A hostilidade dos judeus concernente ao movimento dos cristãos se dava em grande parte pela afirmação da Divindade de Cristo.

O ministério terreno de Cristo atraiu grandes oposições por parte das autoridades judaicas, principalmente quando o Mestre expunha a hipocrisia religiosa daquelas pessoas. No entanto, ao fazer a afirmação de que era "semelhante a Deus" (Jo. 10.30), ou até mesmo de que perdoava pecados (Mc. 2.5), tornava--se um blasfemo aos olhos dos judeus, porque, segundo eles, nenhum ser humano poderia reivindicar autoridade que pertence unicamente a Yahweh. Em Jo. 8.58,59, vemos que os judeus tentaram apedrejar Jesus após afirmar: "Eu Sou", porque esta atitude do Mestre foi algo digno de morte aos olhos daquelas pessoas.

Quando Cristo morreu, ressuscitou e subiu ao céu, os seus seguidores deram continuidade à sua mensagem, afirmando a sua Divindade. O argumento utilizado pelos Apóstolos baseava-se nos escritos do Antigo Testamento que apontavam para Cristo e Sua ressurreição. É importante enfatizar que, embora muitas pessoas tenham crido, outras consideraram a expansão do Cristianismo um risco à religião judaica. Por isso, algumas autoridades de Jerusalém opuseram-se aos seguidores de Cristo, a ponto de prendê-los e até matá-los, como aconteceu com Estevão, o primeiro mártir da Era Cristã registrado na Bíblia Sagrada (At.7).

Apesar da oposição das autoridades religiosas de Israel, os Apóstolos continuaram afirmando a Divindade de Cristo. Um exemplo disso pode ser visto nas palavras de Pedro, acerca de Jesus, quando discursou diante do Sinédrio em Jerusalém, como nos mostra At. 4.12: *"E em nenhum outro há salvação, porque debaixo do céu, nenhum outro nome há, dado entre os homens, pelo qual devamos ser salvos".*

1.1.2- O Cristianismo e o Desafio do Paganismo

Outro desafio cultural vinha externamente da parte dos pagãos que, diferentemente dos judeus, não faziam objeção à religião cristã, desde que ela reconhecesse as demais religiões como legítimas. Não haveria problema algum em aceitar o Deus do Cristianismo no panteão dos deuses greco-romanos, contanto que não se desconsiderassem as divindades dos outros povos, inclusive a do próprio imperador romano, que reivindicava para si o *status* de divino.

Embora, na Era Apostólica, o Cristianismo se visse cercado pelo sincretismo pagão dos povos não judeus, os cristãos negavam-se a aceitar outro deus além de Cristo. A singularidade da Fé Cristã era sempre enfatizada, e, nesse aspecto, os Apóstolos não recuavam. Podemos ver um exemplo dessa fé na Bíblia Sagrada, no episódio em que Paulo esteve em Atenas. Naquela ocasião, o Apóstolo dos gentios deparou-se com um dos grandes centros religiosos da sua época, onde todas as crenças podiam ser expressas livremente.

Em virtude da abertura dos gregos a novas ideias, Paulo se propôs a anunciar o Evangelho, não sugerindo, no entanto, mais um deus dentre tantos já reconhecidos, mas destacando o Deus do Cristianismo como único, soberano e criador de todas as coisas. O livro de Atos 17.22-25 afirma que:

> *"E, estando Paulo no meio do Areópago, disse: Homens atenienses, em tudo vos vejo um tanto supersticiosos; porque passando eu e vendo os vossos santuários, achei um altar em que estava escrito:* AO DEUS DESCONHECIDO. *Esse, pois, que vós honrais, não o conhecendo, é o que eu vos anuncio. O Deus que fez o mundo e tudo que nele há, sendo Senhor do céu e da terra, não habita em templos feitos por mãos de homens, nem tampouco é servido por mãos de homens, como que necessitando de alguma coisa; pois ele mesmo é quem dá a todos a vida, e a respiração, e todas as coisas".*

Essas palavras de Paulo convenceram várias pessoas ali presentes acerca da singularidade da Fé Cristã, no entanto, algumas a rejeitaram preferindo o politeísmo grego.

1.2- A Importância da Evidência Cristã na Patrística

O período que sucedeu a Era Apostólica foi de grande expansão do Cristianismo pelo mundo Greco-Romano. A tarefa missionária por parte dos primeiros discípulos dos Apóstolos alcançou camadas importantes da sociedade do mundo da época.

Quando terminou o primeiro século da Era Cristã, os apóstolos já haviam morrido, no entanto, eles deixaram discípulos que deram seguimento à propagação do Evangelho. A ênfase na superioridade do Cristianismo continuava a fazer parte da compreensão e do discurso dos seguidores de Cristo. Nesse mesmo cenário, novos desafios surgiram, e alguns dos cristãos que tinham acompanhado o ministério destes primeiros seguidores de Cristo foram personagens importantes no enfrentamento desses desafios. A esse momento, que se deu no período pós-apostólico, chamamos de Era dos Pais ou Patrística.

1.2.1- O Cristianismo e a Filosofia Grega

A expansão do Evangelho fez o Cristianismo chegar até Alexandria, uma cidade que se constituía em um dos principais centros acadêmicos da antiguidade. Em virtude da influência da filosofia presente nessa cidade, rapidamente iniciou-se uma discussão sobre o que seria superior, a Fé Cristã ou a filosofia grega.

A consequência disso foi a postura radical por parte de alguns Pais da Igreja que, no objetivo de defender o Cristianismo, posicionaram-se, rejeitando completamente, o uso da filosofia como ferramenta para a transmissão do Evangelho. Segundo Tertuliano, o cristianismo era um movimento contracultural, que não se permitia contaminar de qualquer forma, pelo contexto mental e moral em que estava inserido. Pertence a ele a famosa pergunta: "Que relação há entre Atenas e Jerusalém?".

Outros Pais da Igreja, na luta contra o paganismo greco-romano e contra as heresias surgidas entre os próprios cristãos, viram-se compelidos a recorrer ao instrumento de seus adversários, ou seja, o pensamento racional, nos moldes da filosofia grega clássica, e por meio dele procuraram dar consistência lógica à Doutrina Cristã.

Entre os Pais da Igreja que fizeram uso do conhecimento filosófico, destacou-se Justino, que, embora reconhecesse a importância da Filosofia, afirmando que podem ser encontrados sinais da verdade cristã em grandes escritores não-cristãos, salientou que a filosofia clássica servia apenas como um caminho que Deus havia preparado para a revelação final em Jesus Cristo, por meio do Evangelho.

1.3- O Cristianismo e o Império Romano

O movimento cristão ascendeu na Palestina no período em que os romanos dominavam o mundo da época. A história mostra claramente que os súditos do império tinham liberdade para expressar suas crenças. Um exemplo disso pode ser visto no Novo Testamento, quando, mesmo Jerusalém estando sob o domínio do império de Roma, os judeus puderam desfrutar livremente da prática do Judaísmo.

Inicialmente, para os romanos, a situação envolvendo o movimento dos cristãos parecia ter sido contornada pelos judeus. Afinal, eles tinham conseguido, inclusive, a condenação de Cristo. No entanto, os anos que se seguiram mostraram um número cada vez mais crescente de pessoas aderindo às práticas daquele movimento e invadindo todo o território do império.

Antes do fim do primeiro século, a presença dos cristãos no império já incomodava os imperadores romanos, levando-os a implacáveis perseguições. A justificativa para o ódio aos cristãos se dava pelo alto padrão de moralidade enfatizado pelos seguidores de Cristo, que rejeitavam abertamente as práticas sincréticas e a licenciosidade dos romanos. Um aspecto que merece destaque é a resistência dos cristãos a uma prática religiosa comum, que era o culto ao imperador. Em várias cidades do império, havia estátuas de César indicando a obrigatoriedade de veneração por parte dos súditos. No entanto, os servos de Cristo reafirmavam sua fé e adoração ao único Deus. Em virtude disso, os cristãos foram falsamente acusados de intolerância religiosa e de suscitarem revolta ao imperador.

Nesse contexto de hostilidade por parte dos romanos, o papel dos Pais da Igreja e cristãos convertidos da sociedade pagã foi fundamental. O testemunho de conversão dessas pessoas, além da mensagem do Evangelho, salientava o Senhorio de Cristo sobre todos os homens, inclusive sobre o imperador César. Em nome da convicção de que a Fé Cristã era Superior, os cristãos se entregaram ao martírio sem relutar. A célebre frase de Tertuliano ilustra bem o triunfo do Cristianismo sobre a perseguição romana: "O sangue dos mártires é uma semente de cristãos".

Questão para Reflexão

O Cristianismo é a expressão da fé em Jesus Cristo. Em cada geração, desde o tempo de Jesus, as pessoas têm fundamentado suas vidas em convicções a respeito dEle. Desta forma, quais contribuições da evidência cristã, nos primeiros séculos da igreja, contribuíram para o avanço do cristianismo?

Conceitos Teológicos

Neste capítulo, apresentaremos um glossário com explicação de alguns termos de uso corrente na teologia. Esse estudo é importante por duas razões: há palavras do mundo secular que têm definição ou conotação diferente no sentido espiritual ou religioso; há termos teológicos que são essenciais para maior entendimento da Bíblia, e que são pouco conhecidos pelo leigo.

2.1- Linguagem Técnica

O estudante da Bíblia precisa conhecer o vocabulário da teologia para uma boa compreensão dos textos próprios dessa área do conhecimento. Alguns termos recebem definições diferentes das definições seculares. A leitura dos textos bíblicos exige do cristão um cuidado com o significado das palavras, pois muitas vezes, o significado do termo no dicionário secular não apresenta o sentido teológico, reconhecido pelos eruditos como sendo o significado real.

Analisemos o termo "apologia" para confirmarmos os diferentes significados que uma mesma palavra pode receber. No dicionário *Aurélio Buarque de Holanda Ferreira* a palavra *apologia* se define, na primeira instância, como *pedindo desculpas numa atitude contrita para algum erro cometido*, mas o mesmo termo, no sentido teológico, significa *uma defesa bem raciocinada de um texto ou uma tese*, ou seja, uma reivindicação científica da divina autoridade da religião cristã e da Bíblia. É preciso ressaltar que essa segunda acepção da palavra também é encontrada no dicionário, mas os leigos nem sempre conseguem perceber qual o sentido a ser considerado sob o ponto de vista teológico. São termos utilizados no mundo cristão e na literatura religiosa.

2.2- Heresias

O termo heresia é geralmente aplicado a ensinos ou crenças que se desviam das verdades claramente expostas nas Sagradas Escrituras. O *pluralismo*, por exemplo, ensinando que há diferentes caminhos para a salvação eterna, e que todas as religiões providenciam esses caminhos, é uma heresia, por ser contrário ao que a Bíblia ensina. O apóstolo Pedro, falando de Jesus em At. 4.12, declara: "*Em nenhum outro há salvação, pois também debaixo do céu nenhum outro nome há, dado entre os homens, pelo qual devamos ser salvos.*" O próprio Jesus afirma em Jo. 14.6: "*Eu sou o Caminho, a Verdade e a Vida. Ninguém vem ao Pai, senão por mim*". O pluralismo, ao fazer declarações opostas a essa verdade, claramente se apresenta como uma heresia.

Vejamos algumas crenças e ensinos considerados heréticos quando confrontados com a doutrina bíblica:

2.2.1-Arianismo

Arianismo é uma doutrina ensinada por Ário, um presbítero de Alexandria, Egito, no século IV. Ário foi condenado no Primeiro Concílio de Niceia, em 325 d.C., por causa de falso ensino. O Arianismo é a posição teológica que nega a deidade total de Cristo, o preexistente Filho de Deus, dizendo ser Ele constituído de uma substância diferente e menor que a de Deus-Pai. Ensina que Cristo é subordinado a Deus-Pai, foi criado e não é eterno. Algumas de suas teorias antibíblicas ainda podem ser encontradas no dias atuais em várias religiões e seitas, dentre elas, as *Testemunhas de Jeová.*

2.2.2-Docetismo

Docetismo é uma heresia helenista que surgiu no começo do Século II d.C. acerca da pessoa de Jesus. O termo originou-se da palavra grega *dokeo* que significa *parecer.* O docetismo ensinava que o mundo material é irreal. Portanto, o eterno filho de Deus não tornou-se humano, nem sofreu a morte na cruz. Segundo os docetas, apenas "*pareceu ser*" que esses eventos aconteceram de fato, mas tudo não passou de uma irrealidade.

2.2.3-Ebionismo

O nome *Ebionismo* representa o grupo de judeus cristãos do século II que manteve essencialmente as crenças e práticas judaicas. Alguns ebionitas misturaram suas crenças com as dos Essênios e Gnósticos, corrompendo antigos ensinos da lei judaica. O Ebionismo negava a divindade de Jesus Cristo e considerava o apóstolo Paulo um apóstata (desviado do Judaísmo), por defender que os ensinos de Cristo tinham supremacia sobre a lei mosaica.

2.2.4-Gnosticismo

O *Gnosticismo* foi um movimento religioso e filosófico forte nos primeiros três séculos da era Cristã. Os antigos gnósticos buscavam um conhecimento (*gnosis*, no grego) esotérico da verdade espiritual que consideravam essencial à salvação. Enfatizavam o conhecimento exaltado, verdades celestiais que somente os iluminados alcançam quando se unem a Deus. O Gnosticismo também ensinava o *dualismo*, crença de que o espírito é bom, mas a matéria é má. Portanto, negavam a encarnação de Jesus num corpo humano.

2.2.5-Montanismo

O *Montanismo* foi um movimento religioso que surgiu em 172 d.C. com Montano, da Frígia. O Montanismo pode ser comparado ao movimento pentecostal moderno nos seus ensinos sobre o derramamento do Espírito Santo, mensagens proféticas e o falar em línguas estranhas. Porém, o movimento adquiriu ensinos errôneos com a progressão do movimento, pro-clamando a revelação contínua, o ascetismo com longos e obrigatórios jejuns, a castidade total dos cônjuges, a proibição em contrair novas núpcias com a morte de um dos cônjuges e a ausência de perdão para aqueles que caíssem no mesmo pecado duas vezes. O teólogo Tertuliano aceitou algumas das práticas e ensinos dos montanistas.

2.2.6-Neopaganismo

O *Neopaganismo* é um avivamento do antigo paganismo, que rejeita qualquer religião organizada, e em especial o que chamam de religião patriarcal, que dizem exaltar o sexo masculino. Os neopagãos dão preeminência à religião matriarcal e procuram harmonizar-se com a *Natureza e a Deusa-Mãe.*

2.2.7-Pelagianismo

O *Pelagianismo* foi um sistema que teve origem com o monge inglês Pelágio, o qual propõe conceitos morais e doutrinários. Pelágio possuía um ponto de vista humanista acerca da salvação e negava o pecado original e a transmissão de seus resultados para a posteridade. Esse sistema ensinava que o homem tem em si a habilidade e o poder de fazer tudo o que a justiça de Deus exige, à parte da obra de Cristo e da operação do Espírito Santo.

2.3-Filosofias

A palavra *filosofia* tem sua origem na língua grega e significa *amor à sabedoria.* A filosofia é a ciência que estuda realidades e fatos, chegando a suas conclusões últimas através do emprego da lógica, da ética e de uma visão geral da credibilidade que os filósofos encontram em reunir suficientes fatos que justifiquem a aceitação de sua filosofia.

Na *filosofia da religião* nem sempre é possível ao filósofo chegar às conclusões certas, pois suas próprias resoluções, opiniões e ideias são inseridas na reflexão filosófica. Muitas filosofias não passam de meras teorias sem fatos comprovados, outras são teorias baseadas em premissas falsas.

2.3.1-Ação empírica

Ação Empírica é um termo filosófico muito utilizado na filosofia pragmática. Ensina que o significado das ideias se encontra na sua prática e que provém da experiência ou é resultado desta. Acredita que todo conhecimento espiritual que é válido e aceitável provém da experiência religiosa, e que o resultado da experiência auxilia a adquirir mais conhecimento do divino.

2.3.2-Consciência cósmica

A expressão *consciência cósmica* significa uma percepção mística do espírito que compreende que todo o universo é *um só*, o que também inclui Deus e o homem como um só. A expressão é um conceito panteísta, muito ensinado pela Nova Era, em que Deus está em tudo e tudo está unido a Deus. A Consciência cósmica é um tipo de Monismo ao defender que todo o universo é composto da mesma substância, incluindo o seu Criador.

2.3.3-Ecletismo

O *Ecletismo* é a tendência filosófica que resulta, geralmente, do conflito de culturas e do embate das ideias que leva o pensador a escolher em cada sistema o que parece mais concordante com a verdade. Essa doutrina se caracteriza pela síntese de variados e distintos sistemas de pensamento e pela falta de originalidade e coesão. As várias escolas do liberalismo teológico encorajam a encarar a teologia dessa maneira.

2.3.4-Esoterismo

O *Esoterismo* ensina a busca de um conhecimento místico do mundo espiritual. Ele acredita que esse conhecimento só pode ser compreendido por um grupo seleto de pessoas, que foi especialmente iniciado nesse conhecimento.

2.3.5-Lógica

A *Lógica* é a forma em que se desenvolve a realidade, partindo-se de uma prévia identidade entre a realidade e a razão. É uma forma de raciocinar com coerência.

2.3.6-Monismo

O *Monismo* é a teoria metafísica que afirma que toda a realidade é uma só. Tudo no universo é composto da mesma substância. Deus é um com o homem, com os animais, com as plantas e tudo mais. Tudo é igual, e o homem é o seu próprio deus. O Monismo é a base principal das filosofias da Nova Era.

2.3.7-Naturalismo

O *Naturalismo* é um ponto de vista cósmico que exclui Deus de tudo e nega tudo que seja sobrenatural. O Naturalismo tenta explicar todas as coisas pelos meios naturais e humanos, através da ciência e seus métodos científicos.

2.3.8-Platonismo

O *Platonismo* é uma filosofia idealista do grande pensador grego Platão (427-347 a.C.). Ele idealizava uma harmoniosa união entre espírito, alma e corpo, que são somente cópias de ideias abstratas, e somente possuem seu significado se apreendido através de uma contemplação mística, um êxtase da alma. Para Platão, toda matéria é essencialmente má, mas podemos viver acima dela, idealizando o elo perfeito que Deus criou. Essa filosofia é em parte *panteísta.*

2.3.9-Teosofia

O termo *Teosofia* significa *ciência de Deus.* Esse termo se aplica a filosofias antigas e modernas que professam alcançar o conhecimento de Deus pelo êxtase espiritual, pela intuição ou relações espirituais especiais.

2.4-Ponto de vista religioso

Apresentaremos a seguir uma lista de pontos de vista religiosos. Muitos são heréticos no seu modo de *ver* e *interpretar* a Deus e o *caminho para a salvação eterna.* Porém, por não serem religiões, mas somente crenças que se encontram ligadas às religiões, foram colocadas nessa classificação. Alguns são antigos e outros pertencem a neoteologias. Todos têm em comum o fato de serem antibíblicos e inaceitáveis ao verdadeiro Cristianismo.

2.4.1-Deísmo

O *deísmo* ensina que o universo foi criado por Deus. Porém, após a criação, Deus entregou o universo ao controle de leis e forças naturais criadas e estabelecidas para essa finalidade, não interferindo mais em seu funcionamento. O deísta acredita que Deus é transcendente ao universo que criou, e sendo essa criação perfeita, não necessita mais da presença ou interferência divina através de milagres ou qualquer revelação especial. O deísmo não crê na revelação e na encarnação de Cristo, como o divino Filho de Deus, e rejeita a Bíblia como a Palavra de Deus. Encontramos os ensinos do deísmo nos dias atuais, nas doutrinas do unitarismo. O pai do deísmo foi Lord Edward Herbert de Cherbury e se originou na Inglaterra do século XVII. Famosos racionalistas do século XVII, como René Descartes, John Locke, Sir Isaac Newton, entre muitos outros, foram conhecidos protagonistas do deísmo inglês. Todos eles negaram a divindade de Jesus Cristo e o enxergaram somente como um grande mestre de virtudes morais.

2.4.2-Dialética

É a arte de raciocinar com discussão, diálogo com argumentação sagaz e sutil. É a maneira de filosofar que prova a verdade, encontra uma solução por meio da oposição de ideias. A dialética tem sua base na argumentação lógica, método emprestado pelo filósofo alemão Hegel. O brilhante filósofo Sócrates usava esse método. Ele apresentava uma tese falsa como se fosse a verdade e desafiava seus alunos a argumentar racionalmente e mostrar a falsidade da sua tese para, assim, descobrir a verdade.

2.4.3-Existencialismo

O *Existencialismo* é a filosofia que começou com o dinamarquês Sören Kierkegaard que, cansado do formalismo da Igreja, chamou as pessoas a se colocarem individual e incondicionalmente ao lado da verdade, até que esta transformasse a sua existência. A *verdade* é mais que um credo, mais que meras proposições relacionadas num padrão acessível à mente humana. O problema é que a "verdade" nem sempre é definida. Os teólogos que definem "*verdade*" geralmente exigem o abandono de credos e dogmas. Tudo tem que ser relevante à vida, à existên cia, senão, fica fora da esfera da verdade. É quase uma forma de pragmatismo.

Hoje em dia, há oito escolas de pensamento dentro do Existencialismo.

O Existencialismo não aceita a queda do homem como um fato histórico, afirmando, por exemplo: "*Não podemos crer que Deus falou literal e historicamente a um só homem chamado Adão*". Quando Deus perguntou: "Onde estás, Adão?", estava falando a cada um de nós. A desobediência do primeiro Adão não é aceita como um fato histórico, mas a obediência do segundo Adão é aceita como um evento histórico. Necessita-se, então, da fé cristã para crer – esse é um assunto debatido e não resolvido.

2.4.4-Humanismo

O Humanismo enfatiza o homem, suas habilidades, seu potencial e acredita na evolução orgânica. O humanista não aceita o sobrenatural porque isso limita o homem e o faz sujeito ou dependente de poderes fora de si. O desenvolvimento da personalidade humana é o fim de toda procura na vida. A oração e a adoração a Deus são substituídas por esforços cooperadores de promover bem-estar social e um senso de autorrealização na vida.

2.4.5-Iluminismo

Movimento surgido na França, no século XVII, que defendia o domínio da razão sobre a visão religiosa teocêntrica que dominava a Europa desde a Idade Média. Segundo os expoentes do iluminismo, esse pensamento tinha o propósito e iluminar as trevas em que se encontrava a sociedade. Seus principais expoentes foram: Rousseau, Montesquieu, Voltaire, Locke, Diderot e D'Alembert.

2.4.6-Pragmatismo

O *Pragmatismo* é uma filosofia prática desenvolvida pelo filósofo americano Charles S. Peirce, que concebeu a ideia das obras de Immanuel Kant, filósofo alemão. O pragmatismo considera que a verdade é um processo. Alega que não se descobre a verdade por coerência racional, mas pela ação empírica, conduta, experiência, adaptação ao ambiente e satisfação prática às necessidades humanas. Foi propagada por William James e John Dewey, que levaram à frente essa doutrina filosófica, ensinando que o significado das ideias encontra-se na sua prática. A verdade de uma crença é provada pelas consequências da crença, guiando-se somente pela experiência, não deixando lugar para a fé. A verdade é aquilo que nós experimentamos. A experiência prova a verdade, e não a verdade prova a experiência.

2.4.7-Reencarnação

A *Reencarnação* é uma doutrina filosófica de várias religiões orientais, tais como Hinduísmo, Budismo, Xintoísmo, Taoísmo e outras. Essa doutrina ensina que o espírito do ser humano, liberto do corpo pela morte, volta numa outra forma corpórea para uma nova existência. Essa forma pode ser humana ou animal. Se a reencarnação será para uma forma melhor ou pior dependerá do karma.

2.4.8-Revelação Progressiva

A *Revelação Progressiva* é o pensamento ou ideia de que Deus não terminou as suas revelações para com o homem quando o cânon das Escrituras foi encerrado e fechado. Ele dá conhecimento e esclarecimento progressivo e este é o resultado da lógica e do raciocínio humano "*usando a mente que Deus nos deu*", conforme Bulltmann acreditava.

2.4.9-Sincretismo

O termo *Sincretismo* significa a conciliação de vários credos e religiões sobre pontos doutrinários comuns a todos, e até mesmo de certos conceitos antagônicos.

2.4.10-Transcendentalismo

O *Transcendentalismo* identifica-se com o idealismo alemão. Pode significar duas coisas: a grande diferença entre Deus e o homem; ou a grande distância entre Deus e sua criação. Aceitamos o primeiro, mas não o segundo. Cremos que Deus é Santo e habita no meio do seu povo (Os. 11.9; Is. 57.15; Ez. 11.22,23). Deus é diferente das suas criaturas, mas próximo a elas em amor, graça e providência (Sl. 139).

2.5-Interpretação Bíblica

Na ciência ou arte de interpretar corretamente a Bíblia é necessário considerar os princípios de Exegese Bíblica. O estudo da Hermenêutica nos dá o sentido certo das palavras e textos bíblicos e a sua reta aplicação no ensino das Escrituras. Apresentaremos alguns termos que não encontramos na própria Bíblia, mas que se relacionam diretamente ou afetam a explicação de textos bíblicos e sua correta interpretação.

2.5.1-Alto Criticismo

O termo *Alto Criticismo* significa um método de interpretação bíblica no qual as Escrituras são interpretadas como qualquer tipo de literatura secular.

As datas, autores, documentos que atestam a sua confiabilidade histórica são considerados, porém sem qualquer respeito para com seu caráter e autoridade divinos. Seus críticos dividem-se em duas classes: o grupo positivo de teólogos que trabalha para provar a autenticidade e autoridade divina das Escrituras; e outro grupo que possui o intuito destrutivo e busca desaprovar a veracidade da Bíblia.

2.5.2-Baixo Criticismo

O *Baixo Criticismo* é um método pelo qual se analisa e interpreta as Escrituras Sagradas como literatura secular. Difere do Alto Criticismo por se preocupar mais com os manuscritos atuais e em estudar os originais das Escrituras. Nesse método, há menos criticismo destrutivo e maior consideração cuidadosa da Bí-blia.

2.5.3-Ceticismo

O *Ceticismo* é a doutrina filosófica que reconhece, na dúvida, a única atitude de um sábio e proclama a renúncia a qualquer certeza como condição de felicidade. Nessa doutrina, o descrente, ou cético, questiona e critica qualquer afirmação absoluta em assuntos religiosos. Também alega que ninguém pode ter certeza quanto à existência de Deus. Duvida da autoridade divina da Bíblia e zomba daqueles que creem nela.

2.5.4-Criticismo da Redação

A expressão *Criticismo da Redação* é utilizada para identificar as fontes usadas pelos autores bíblicos e o trabalho editorial feito sobre suas obras. Procura mostrar que os autores não somente compilaram mas editaram seu material, segundo seu entendimento pessoal dos eventos e declarações feitas nas Escrituras.

2.5.5-Exegese

O vocábulo *Exegese* originou-se do grego ex (fora) e hegeisthai (guiar), e significa extrair o sentido de um texto bíblico do próprio texto, através de estudo diligente, guiado pela Escritura em si mesma. Não deve ser confundido com o eisogesis, que significa dar nosso sentido pessoal ao texto. A exegese procura a *hermenêutica* de Deus sobre os textos bíblicos.

2.5.6-Hermenêutica

Hermenêutica significa interpretação (gr-hermeneuein). Hermenêutica é a área da Teologia que estabelece regras para a interpretação bíblica. Essas regras têm sua base na própria Escritura Sagrada e sempre procuram a *hermenêutica de Deus.*

2.5.7-Relativismo

O *Relativismo* é o reconhecimento de forças externas e superiores que influenciam o homem moderno a não reconhecer a existência de apenas uma autoridade sobre si. Para o relativismo não existe verdade absoluta, seja no campo moral, religioso, político, etc.

Questão para Reflexão

O estudo das palavras nos mostra os diferentes significados em que podem ser empregadas. Palavras que têm uma conotação religiosa ou espiritual podem ter um ou mais sentidos no mundo secular. Palavras são essenciais à boa comunicação, e para entender e expor bem um assunto é necessário empregar as palavras certas. Você já pensou que suas palavras podem ser mal interpretadas?

CAPÍTULO 3

As Reflexões sobre a Verdade e a Fé

Neste capítulo, apresentaremos dois tópicos fundamentais à reflexão teológica: *a verdade* e *a fé*. Em um primeiro momento, refletiremos sobre a verdade, sua definição e teses para seu julgamento, buscando seu sentido teológico. A seguir, analisaremos a natureza da fé, como prová-la e sua forma de atuação no indivíduo.

3.1- A Verdade

O homem sempre procurou definir a *verdade*, pois é de suma importância para o ser humano conhecer o que realmente é a verdade num mundo cheio de mentiras, incertezas, falsidades e avaliações subjetivas. Como pode o homem saber quando está agindo e vivendo dentro da verdade?

Há muitas perguntas na mente humana, para as quais procura uma resposta em que possa confiar e, assim, obter paz de espírito. Será que o homem pode achar a verdade em respostas e declarações de filósofos que são seres humanos, sujeitos às mesmas dúvidas e aos mesmos erros, pensamentos e avaliações? Será que pode-se achar a verdade nos cálculos dos cientistas, astrônomos, que podem errar, e que, muitas vezes, têm errado em suas conclusões? Será que pode-se confiar nas afirmações e teorias dos teólogos liberais que deturpam os ensinos da Bíblia, ou os torcem, para provar suas ideias e interpretações humanas? E quando entram em conflito com os ensinos da Bíblia, quem está com a verdade? Eles ou a Palavra de Deus?

3.1.1- A verdade teológica

A definição mais simples para verdade é: *aquilo que corresponde com a realidade*. Vejamos: se alguém diz que está chovendo, mas o sol está brilhando e não há nenhum sinal de chuva, pode-se dizer que a declaração é falsa, porque não corresponde com a realidade. Essa definição serve para uma avaliação genérica, porém é deficiente no campo teológico por não estabelecer um critério pelo qual podemos julgar nosso modo de viver, nossa forma de pensar, falar e exprimir ideias e comportamentos.

Para o cristão, a *verdade* corresponde a todas as declarações de Deus. Necessariamente, a verdade precisa ser ligada a Deus, um ser santo, puro e perfeito. Ele é a *Verdade*. Isso significa que Ele é o paradigma para definição do que é verdade ou não. A realidade pode conter erro e falsidade, duas coisas antagônicas à verdade.

Ao definir a verdade como tendo sua base em Deus, naquilo que Deus declara, temos um critério para julgar as declarações que os homens fazem. Assim, todas as declarações dos teólogos sobre as Escrituras Sagradas, a existência de Deus, a deidade de Jesus, o pecado, a vida dos homens, o futuro, a criação do universo e do homem, a expiação de Cristo para salvar a humanidade, devem ser julgadas pela *verdade de Deus*.

Jesus declarou em Jo. 14.6: "*Eu sou a Verdade*". Aquilo que se opõe aos seus ensinos é erro ou mentira. Podemos afirmar e basear nosso conceito de verdade nas suas declarações e na sua pessoa. Temos de concordar que o homem pode achar-se em erro e falsidade não por malícia, mas por não conhecer os fatos. Quando o apóstolo Paulo escreveu "*mas nós temos a mente de Cristo*" (I Co. 2.16), ele declarou que possuímos e agimos dentro da verdade, revelada nos ensinos da Bíblia, ou seja, estamos julgando as coisas como Deus as julga.

Se a verdade está somente no Trino Deus e suas declarações, como podemos saber quando as nossas avaliações e pronunciamentos correspondem com a mente de Deus? Como podemos saber se estamos andando na verdade e não no erro?

3.1.2- Teorias usadas para julgar a verdade

Os filósofos e teólogos têm procurado respostas em várias fontes de conhecimento e raciocínio humano, mas não em Deus. Até mesmo os teólogos mais liberais admitem a existência de um ser supremo, Deus, e, em geral, não questionam seu caráter justo e ético. Eles podem não crer em Deus como criador, ou como salvador, mas creem que ele é um ser perfeito. Somente o ateu não crê na existência de Deus. Mas, ao invés de acreditar na Bíblia, a Palavra de Deus, e aceitar suas instruções e ensinos, muitos filósofos e teólogos têm procurado respostas em outras fontes. Algumas de suas conclusões parecem lógicas, outras não seriam aceitas dentro do campo da lógica e dificilmente poderiam servir como provas vitais da verdade para o ser humano. Vamos analisar e responder algumas das teorias que os teólogos liberais, filósofos e céticos propõem como possíveis caminhos para se descobrir a verdade.

3.1.2.1- A Tese do Instinto Humano

O *instinto humano* é definido como um estímulo interior e involuntário, uma aptidão natural que age sem premeditação.

Embora o instinto forneça motivos para ação, não nos dá uma distinção entre instinto natural e instinto adquirido. A mente necessariamente fará essa distinção, mas ao fazê-la não é mais puro instinto, torna-se raciocínio. A pessoa age por pensar, avaliar e não por instinto. Uma vez que a criancinha queima a mão no fogão, instintivamente não repete essa ação e mantém-se distante do fogão. Nesse caso, o instinto é uma reação adquirida.

3.1.2.2- A Tese dos Costumes

Os *costumes* são hábitos ou práticas de uma sociedade, família ou indivíduo que se concretizam em crenças e ações. Por sua longa conti- nuidade e uniformidade tornam-se costumes fixos e seus praticantes os têm como corretos, certos e válidos.

Os costumes podem ser bons ou maus. Saudar a bandeira de nosso país, cultos domésticos diários são bons costumes. Servir bebidas alcoólicas no lar é um mau costume. Queimar as viúvas na pira funerária de seus maridos é um mau costume praticado em algumas partes da Índia. Várias tribos indígenas matam seus gêmeos, na hora do parto, por crerem que é um sinal de má sorte. A validade de um costume deve ser julgada pela ética e visando à valorização da vida. Muitos costumes exigem sabedoria divina para serem julgados retamente. Os seres humanos não julgam com imparcialidade e justiça, considerando todos os resultados dos costumes.

3.1.2.3- A Tese das Tradições

A *tradição* é o corpo normativo dos costumes. Os filósofos e teólogos liberais argumentam que as tradições contêm a verdade, pois é impossível que as pessoas sejam enganadas por ensinos e práticas que foram aprovados através dos séculos.

Existem tradições verídicas, baseadas na Bíblia, porém muitas outras que a contradizem. Cristo nos chama a atenção sobre isso em Mateus 15.6,7. A verda de deve estabelecer a tradição e não o contrário. Existem lendas, mitos, contos e histórias sobre santos que se tornaram tradição. Até mesmo práticas, sacramentos e liturgias nas igrejas que, caso tenham suas fontes investigadas, não se encontram dentro da verdade. Muitas tradições não correspondem com *a mente de Deus* e suas declarações.

3.1.2.4- A Tese do Consentimento Geral

O argumento do *consentimento geral*, também chamado consentimento das nações, assevera que aquilo que é crido por milhares e até milhões de pessoas deve ser verdadeiro. Para tantas pessoas crerem em algo, isso deve ser digno de crédito, uma verdade.

Nem tudo que é crido por multidões é verdade. Há religiões que defendem ensinos contrários à Palavra de Deus, mas que possuem milhares e até milhões de adeptos. O critério para o verdadeiro deve estar de acordo com a única fonte confiável da *verdade*, Deus e a sua Palavra (Êx 23.2; Is 5.14). Jesus declara que "*o caminho que conduz a vida é estreito, e são poucos os que o acertam*" (Mt 7.13,14).

3.1.2.5- A Tese da Intuição

A *intuição* é uma percepção clara, pressentida, uma espécie de instinto que visualiza o acontecimento e o resultado no mesmo momento. Para alguns, é uma verdade discernida pela mente sem dedução ou raciocínio.

A verdade precisa de uma base mais sólida que a intuição, que pode ser fabricada e produzida pela mente humana, sujeita a manipulações e influências do ambiente. A intuição pode partir de fontes contaminadas. É necessário algo superior, algo perfeito, algo fora da mente humana, algo sem erro ou contaminação exterior para nos guiar dentro da verdade. A verdade é espiritualmente discernida pelo ouvir e andar nos preceitos da Palavra de Deus, e não por alguma voz mística cochichando na alma. Quantas pessoas guiadas por sua voz interior, sua intuição, tomaram decisões erradas e escolheram caminhos desastrosos!

3.1.2.6- A Tese dos sentimentos

Essa teoria defende que o *sentimento* é uma convicção íntima, pessoal, que nos impressiona fortemente e nos dirige nas tomadas de decisões e ações.

Nossos sentimentos podem nos trair, podem nos enganar. Eles podem ser perigosos, falsos, influenciados por vingança, ódio, inveja, por rebelião contra Deus e sua Palavra, e outros diversos fatores. Diz a Bíblia: "Enganoso é o coração (a sede de nossos sentimentos), mais do que todas as coisas, e desesperadamente corrupto; quem o conhecerá ?" (Jr 17.9). Uma séria objeção à teologia do sentimento é que quando alguém está sendo guiado por uma voz íntima, pessoal, geralmente deixa de consultar a Bíblia como direção divina. Assim, ao invés de sermos guiados pela Bíblia, somos guiados por sentimentos instáveis e corrompidos por fatores externos.

3.1.3- A Consistência Sistemática

A Bíblia apela para a *consistência sistemática* nos seus ensinos. Nenhuma das teses citadas anteriormente passa pelo *teste da Bíblia e seus ensinos.* A consistência significa ser obediente à lei de contradição. Em um julgamento, um termo deve ter um só significado. Um réu, ao testemunhar perante o tribunal, deve ser consistente nas suas declarações, se quiser provar sua credibilidade. Não pode dizer que estava em certo lugar, quando foi visto em outro na mesma hora. Ele precisa de consistência para alcançar credibilidade.

As Escrituras sempre são consistentes em seus ensinos. Sempre louva e recompensa a justiça e condena o pecado e a falsidade. Quando julga a conduta humana, a Bíblia sempre elogia o certo e condena o errado. Do primeiro ao último capítulo das Escrituras, há um fio condutor que perpassa todas as doutrinas bíblicas. É a fonte de toda a verdade e jamais se contradiz em suas doutrinas. Teria de ser assim, pois o seu autor, Deus, nunca se contradiz e é imutável (Nm 23.19; Tg 1.17).

O critério para julgar nossos pensamentos, nossas ações, nosso viver, é o que Deus declara na sua Palavra. Quando todos os fatos são consistentes e não há qualquer partícula de falsidade, podemos confiar que estamos andando na verdade.

3.2-A Natureza da Fé

A palavra *fé* (pistis) no grego significa crença, total confiança, certeza inabalável e aceitação incondicional. Pode ter outras definições, mas todas estão intimamente ligadas às citadas. Fé não é especulação, não está condicionada a circunstâncias. Fé é uma confiança, uma convicção que resiste aos ataques dos céticos e outros esforços para derrubá-la. A Bíblia declara que "*sem fé é impossível agradar a Deus*" (Hb 11.6). Em seguida diz: "*é necessário que aquele que se aproxima de Deus, creia que Ele existe*".

Toda *fé*, no sentido teológico, começa com crença em Deus, uma segura consciência que ele existe, e de quem ele é. O ateu não crê na existência de Deus. A Bíblia logo classifica tais pessoas: *"o tolo diz no seu coração, não há Deus"* (Sl 14.1).

Deus tem cercado o homem com provas de Sua existência e de Suas ações por todo o Universo (Sl 19.1,2). Há evidências irrefutáveis a qualquer pessoa que deseja ver e crer que Deus existe. Mesmo aqueles que não desejam crer, se analisarem com honestidade e sinceridade as muitíssimas provas, admitirão a impossibilidade de tão grande miríade de coisas existentes sem ter alguém que lhes tenha dado origem e que controle sua permanência e operação.

Fé é o descanso da alma na suficiência da evidência. Fé, como declara a Bíblia, é "*a certeza das coisas que se esperam, e a prova das coisas que não se veem*" (Hb 11.1). A fé não age sem conhecimento. Veja a dinâmica da fé no quadro a seguir:

Fórmula teológica para a base da fé

Ouvir →	**Conhecimento** →	**Convicção** →	**Fé**
Ouvir traz Conhecimento	Conhecimento produz Convicção	Da convicção resulta a fé	

Quanto mais conhecemos a Deus por meio de sua Palavra, mais confiamos nEle sem reservas. O limite da fé está no conhecimento até certo ponto, pois a Bíblia afirma que "*a fé vem pelo ouvir, e o ouvir pela Palavra de Deus*" (Rm 10.17).

No plano humano, é difícil crer nas promessas e declarações de alguém que não conhecemos. Certamente, a base da fé de Abraão não era tanto nas promessas que Deus fez para si, mas na fé que repousava em Quem fez as promessas!

A religião cristã é baseada sobre a fé, e essa por sua vez baseia-se sobre o conhecimento, e não sobre superstições, especulações ou coisas irreais ou ainda invenções humanas. Não é possível dispor-se a crer em algo que não convença ser a verdade. Portanto, a fé é a confiança naquilo que Deus declara ser verdade.

É obrigação do homem sempre considerar quem está afirmando algo, qual é a origem de uma declaração que contém em si promessas de vida ou de morte. Tal premissa é fundamental para que se possa acreditar sem qualquer dúvida.

Se Deus é sempre o mesmo, imutável, como a Bíblia declara (Ml 3.6; Hb 1.11,12; 13.8; Tg 1.17); e se Ele não pode falhar (II Tm 2.13); se Sua Palavra é eterna (Sl 119.89; Mt 24.35), como será possível não crer em suas palavras? A Bíblia Sagrada dá provas mais que suficientes para que o homem tenha convicção absoluta de que Deus existe, que é o Criador de tudo que existe neste universo, inclusive da raça humana, e que cumpre fielmente suas Palavras.

Josué, em seus últimos conselhos ao povo de Israel antes de sua morte, declarou: "*nem uma só promessa caiu de todas as boas palavras que falo de vós, o Senhor, vosso Deus*" (Js 23.14).

Salomão, na dedicação do templo, pronunciou à congregação: "*bendito seja o Senhor, que deu repouso ao seu povo Israel, segundo tudo o que prometera; nem uma só palavra falhou de todas as Suas boas promessas, feitas por intermédio de Moisés, seu servo*" (1 Rs 8.56).

Além dessas coisas, é importante recordar a transformação radical que Deus efetua na vida dos que nele creem. As Escrituras declaram com toda autoridade uma grande verdade: *"Deus estava em Cristo reconciliando consigo o mundo, não lhes imputando seus pecados..."* (II Co 5.19); e *"assim, se alguém está em Cristo, nova criatura é, as coisas velhas já passaram, eis que tudo se fez novo"* (II Co 5.17).

A fé baseia-se sobre duas provas:

3.2.1- Prova Interna

Essa prova é aquela convicção da alma que recebemos através do conhecimento profundo de Deus e de Sua Palavra. É um fato provado que quanto mais conhecimento de Deus uma pessoa possuir, maior a sua fé nele será. Esse fato nem sempre funcionará entre os homens, porém é infalível com Deus (II Tm 2.13).

Essa convicção interna exige uma "graça especial", mas Deus também concede esse dom enquanto o homem andar com Ele e submeter a Ele todas as áreas de sua vida. (Jo 14.26; Lc 24.27,32; I Pe 3.15).

3.2.2- Prova Externa

Consiste nas verdades reveladas na Natureza, é a revelação geral de Deus através de sua ação que é possível ao homem contemplar e avaliar. Essas também provêm de descobertas arqueológicas, científicas, históricas, que dão apoio e sustento à nossa fé. A prova externa só exige do homem a chamada "graça comum" para ser aceita, pois é prova evidente e clara para todo ser humano ver e investigar. A fé também se qualifica em:

3.2.3- Fé ativa

É aquela fé que é real e se transmite em ação na vida do crente. Fé sempre exige ação e influenciará todo modo de viver do ser humano. É pessoal, então não se pode transmiti-la de uma pessoa para outra. É a íntima crença e aceitação de Deus e Sua Palavra, que se revela no caráter e ações de quem a possui.

3.2.4- Fé passiva

Essa fé se resume apenas em uma aceitação mental, e não em prática. A fé passiva não afeta o modo de viver, pois não passa de uma crença superficial. Os pais podem passá-la para seus filhos, que por meio dela declaram pertencer a certo grupo religioso ou denominação. Porém, esses descendentes não seguem os preceitos e nem os aplicam em sua vida.

3.2.5- Fé Implícita

A fé implícita é imposta sobre uma pessoa pela sua religião. Desse modo, não se deve questionar ou investigar seus ensinos, se são corretos ou bíblicos, somente aderir a eles. As autoridades e líderes de igrejas que impõem essa classe de fé normalmente possuem uma interpretação da Bíblia exclusiva, que seus adeptos devem seguir e crer. Muitos desses, até mesmo afirmam aos seus seguidores ser perigoso ler ou interpretar as Escrituras por si mesmos, só um líder autorizado pode fazê-lo.

3.2.6- Fé Explícita

A fé explícita é aquela que convida ao estudo e à investigação das Sagradas Escrituras. O cristão não deve aceitar qualquer ensino ou declaração sobre a Bíblia que não possa ser provado pelo estudo cuidadoso das Escrituras. Cada pessoa é encorajada a ler a Bíblia por si, e seguir as boas regras da Hermenêutica Bíblica para chegar a uma reta interpretação.

Se Deus não existe, a vida do ser humano é fútil. Porém, se o Deus da Bíblia existe, a vida tem sentido. É irracional, à face de todas as provas, ignorar a Deus e descrer da sua existência, preferindo a ansiedade das incertezas, o medo da morte e do inferno, ao invés de escolher uma vida de significado, que leva à feli-cidade no presente, e, no fim, a uma eternidade gloriosa.

O teólogo Blaise Pascal sabiamente observou: "*temos nada a perder ao crer em Deus, e tudo a ganhar*!".

Ora, a fé é a certeza das coisas que se esperam, e a convicção de fatos que se não veem (Hb 11.1). Fé não é crer que Deus pode fazer, mas é saber que Ele fará! Fé é uma ponte que atravessamos com tranquilidade, porque conhecemos o Construtor.

Questão para Reflexão

A fé Cristã é uma estrutura perfeita, para ser vista como um todo. Suas crenças dependem uma das outras. Por isso, estudar sobre a verdade e a fé sem conhecer seus conceitos teológicos pode apresentar o perigo da distorção?

CAPÍTULO 4

O Desafio do Liberalismo Teológico

O Liberalismo na Teologia tem sua base no Racionalismo e no Idealismo Alemão. Veremos, neste capítulo, que as transformações históricas ocasionadas pelo Iluminismo afetaram sensivelmente a Teologia Cristã. Em virtude do impacto desse período, alguns dos principais fundamentos do Cristianismo foram contestados. Os efeitos foram tão expressivos que, ainda nos dias atuais, é possível perceber a influência do pensamento racionalista daquele período.

4.1- O Iluminismo

O *Iluminismo* surgiu no século XVII e teve seu apogeu no século XVIII. Trata-se de um movimento que tinha como ênfase o império da razão. Conhecido como o "período das luzes", o sentimento iluminista tentava convencer as pessoas da realidade futura de progresso e prosperidade que seria alcançada pela consciência evoluída do ser humano. A crença na razão como parâmetro para verdade tornou-se o elemento norteador daquele momento e causou profundas mudanças no modo de vida da sociedade. Acompanhado a esse vislumbre de progresso, desencadeou-se um sentimento hostil contra a religião, e, principalmente, contra o Cristianismo. Aquele momento histórico sucedia o período Pós-Reforma e as marcas deixadas por alguns cristãos suscitavam revolta e rejeição por parte dos pensadores da época. A história recente estava marcada de violência, intolerância e o uso indevido do sentimento religioso das pessoas.

Em virtude do despertar da consciência crítica dos pensadores modernos, começou-se a divulgar um sentimento antirreligioso como meio necessário ao progresso. Uma frase que ilustra isso foi pronunciada por Karl Max: "*O primeiro requisito da felicidade dos povos é a abolição da religião*".

4.2- O Protestantismo Liberal e Alguns Teólogos

O *Protestantismo Liberal* surgiu com os filósofos alemães, nos séculos XVIII e XIX, mas somente chegou ao seu ápice na primeira metade do século XX. Na teologia, o termo *liberalismo* representa uma visão mais ampla e extensa de diferentes pensamentos em questão de religião, com algumas características distintas, tais como:

- Preocupação em descartar e rejeitar velhas formas de ortodoxia, se as mesmas forem julgadas inadequadas diante das novas e modernas escolas de pensamento e raciocínio.
- Atitude superior e confiança arrogante no poder da razão humana.
- Crença na liberdade total da interpretação bíblica, pois nada dogmático é aceito e pode haver várias interpretações.
- Forte crença em alguma forma de existencialismo.
- Confiança exagerada na ciência. Acreditam que as novas descobertas da ciência tornam antiquadas ou até mesmo falsas várias passagens bíblicas.
- Acreditam ser necessária e aceitável a alta-crítica das Escrituras dos *eruditos racionalistas* com suas interpretações. Isso geralmente significa uma negação implícita, senão explícita, das doutrinas históricas da revelação e inspiração das Sagradas Escrituras, bem como descrença na divindade de Jesus, seu nascimento virginal, sua morte expiatória na cruz, sua ressurreição e seus milagres.
- Creem na benevolência de Deus, e que cada ser humano é essencialmente bom.

O surgimento de novas teorias influenciou a teologia, tornando-se firmes alicerces. Alguns exemplos podem ser aludidos: *Charles Darwin*, em 1859, proclamou sua teoria da *evolução orgânica* como um princípio científico, ensinando que o homem evoluiu de animais inferiores, e que não fora criado por Deus, como ensina a Bíblia Sagrada. *Sigmund Freud* anunciou sua teoria sobre o impulso sexual, que considerava natural, e não espiritual, o impulso mais básico à natureza humana. *Karl Marx* apresentou teorias e ideias em que discutia a necessidade de mudança radical da sociedade, desenvolvendo, por fim, uma ideologia comunista antideus.

Tais influências mudaram alguns pensamentos e ensinos da teologia ortodoxa resultando numa confusão moral e religiosa dentro do Cristianismo. Essa teologia enfraquecida caracterizou esse período e uma parte do Século XX. Muitos liberalistas queriam manter intactas certas facetas do Cristianismo ortodoxo, mas, ao mesmo tempo, queriam combiná-las com as recentes descobertas e teorias da ciência moderna, mesmo que essas teorias confrontassem diretamente os ensinos bíblicos.

4.2.1- Friedrich Schleiermacher

O teólogo e filósofo alemão *Friedrich Schleiermacher* (1768-1834) é conhecido como o *Pai do Liberalismo.* É considerado um dos pioneiros do *criticismo bíblico*, que na realidade mais ataca e nega as verdades bíblicas. Acreditava que a teologia cristã consiste na interpretação da experiência religiosa. A experiência religiosa na vida do ser humano vem em primeiro lugar, e as doutrinas que regulam seu viver cotidiano vêm depois dessa experiência.

Schleiermacher ensinou que a essência da religião está na experiência, e a essência da experiência está na dependência de Deus, em cada palavra, pensamento e ação, exatamente como Cristo era em tudo dependente de Deus, o Pai. Pecado é somente uma falha em nossa dependência de Deus, pois todas as doutrinas da Bíblia têm seu sentido na consciência religiosa íntima, que por sua vez depende da experiência pessoal, aquilo que o homem tem experimentado.

O termo *experiência* não é claramente explicado na teologia de Schleiermacher. Esse princípio envolve certas mudanças radicais na posição teológica de doutrinas ortodoxas, tais como a crença no peca- do original, a deidade e a obra redentora de Cristo. Para Schleiermacher, a missão de Jesus Cristo não era maior do que comunicar ao mundo um senso de dependência apenas em Deus.

4.2.2- Immanuel Kant

O filósofo alemão, *Immanuel Kant* (1724-1804), destacou-se nesse mesmo período com suas crenças liberais. Rejeitou as provas ontológicas, cosmológicas e teleológicas da existência de Deus, e insistiu que crença religiosa depende puramente da fé humana. Diz ele, *"se o homem crer em Deus no seu coração, isto pode servir como uma prova de Sua existência"*.

Kant enfatizou a necessidade de o homem viver uma vida honesta dentro dos valores éticos e morais por ser isso seu dever na sociedade da qual faz parte. Tudo isso, diz ele, o homem pode fazer em seu próprio esforço, não necessitando, nem pedindo qualquer ajuda fora de si para consegui-lo. Deus é deixado fora e não influencia o homem nesse raciocínio, porém, num tempo futuro, Deus mostrará como o bem triunfa sobre o mal.

O filósofo Kant influenciou a teologia alemã e moldou as opiniões dos teólogos liberais como nenhum outro. Os ramos liberais do mundo nos séculos XIX e XX adotaram em grande parte os seus princípios.

4.2.3- Edward Gibbon

O historiador *Edward Gibbon* (1737-1794) foi outro intelectual que firmou as raízes do liberalismo. Escreveu o livro *"A História do Declínio e Queda do Império Romano*", no qual ridicularizou sutilmente o Cristianismo ortodoxo. Essa foi a obra mais lida, aclamada e afirmada pela sociedade da época, contribuindo fortemente para uma mudança radical na teologia. O livro sustentou os argumentos usados pelos céticos e racionalistas, com o propósito de não somente fomentar descrédito na Bíblia Sagrada, mas minar intencionalmente alicerces de todo o sistema cristão.

4.2.4- Albrecht Ritschl

Outros filósofos liberais surgiram depois, aumentando as teorias teológicas de Schleiermacher e Kant. O alemão *Albrecht Ritschl* (1822-1889) apresentou uma teologia cristã que era "*livre de toda especulação metafísica*", isto é, questões quanto à relação entre a mente humana e o corpo numa busca pela realidade. Ele dizia: *"A teologia deve julgar de uma forma neutra e radical a pessoa e as obras de Jesus de Nazaré*". Ritschl rejeitou as doutrinas ortodoxas do pecado original, a obra expiatória de Cristo no Calvário e a condenação eterna. Enfatizou a perfeição moral de Cristo como ser humano e exemplo de amor ao próximo.

4.3- A teologia da morte de Deus

Devemos incluir aqui a teologia de um grupo secular, um movimento teológico que surgiu por volta de 1960, que proclamou que *Deus morreu.* Seus protagonistas principais eram *Thomas Altizer* e *William Hamilton.* O termo originalmente foi usado pelo filósofo alemão *Friedrich Nietzsche* (1844-1900).

Os liberalistas, em geral, focalizaram a paternidade de Deus, o exemplo moral e religioso de Jesus, a bondade e o bem inerente ao ser humano, sua capacidade infinita de crescer, sua intelectualidade e poder de raciocínio para achar soluções aos problemas do mundo, sejam quais forem esses, coisas como a ignorância, religiões que frustram o ser humano, a injustiça social ou até dificuldades pessoais.

Uma vez que os liberalistas conseguiram estabelecer critérios modernistas que combateram a ortodoxia teológica, tornou-se inevitável o surgimento de diversos corpos religiosos proclamando novas crenças, desde as mais moderadas até as mais extremas.

4.4- O alto criticismo

Durante o século XIX, com o surgimento de várias escolas de pensamento liberalista, ocorreram ataques do alto criticismo à Bíblia, criticando sua inspiração divina, sua forma e redação.

O alto criticismo analisa as fontes do material escrito, datas e escritores, aplicando princípios científicos, históricos e literários às Escrituras, resultando no surgimento de vários pontos de vista que contribuíram para um enraizado ceticismo quanto às crenças fundamentalistas da Bíblia.

O resultado do alto criticismo foi a tentativa por parte dos intelectuais racionalistas de reduzir a Bíblia ao status de um livro comum a todos os demais. Essa atitude de dessacralizar o Livro Sagrados dos cristãos foi o primeiro passo para a negação dos seus milagres e questionamentos a sua veracidade histórica. A consequência disso foi a afirmação de que a Bíblia não é a Palavra de Deus. A partir dessas informações é possível perceber os efeitos morais e teológicos na história em virtude de tais ensinos.

4.5- O Liberalismo nas Igrejas

Alguns dos principais líderes protestantes se voltaram para pensamentos liberais, o que causou forte impacto em algumas denominações. A pregação ensinava mais um evangelho social, com ênfase em servir bem a comunidade e sociedade em geral, do que a necessidade de salvação pessoal e uma vida de virtudes cristãs de acordo com a Bíblia.

Entre esses líderes, alguns se tornaram tão liberais que a sua teologia modernista causou divisões em suas igrejas, denominações e comunidades evangélicas. Os ortodoxos se afastaram da igreja-mãe e fundaram igrejas da restauração, igrejas fundamentalistas. É importante salientar que, nessa época, houve quem pregasse a crença total nas doutrinas fundamentais das Escrituras.

O Liberalismo, em sua forma mais radical, ensinava:

- A Bíblia é falível. Foi produzida por homens, é sujeita a erros e não é a *"única Palavra de Deus"*.
- O homem é basicamente bom. Não é um pecador, somente um desajustado.
- A paternidade universal de Deus – *"todos são filhos de Deus"*.
- Tudo acontece de acordo com as leis naturais, não há nada milagroso, porque nada pode suspender as leis da natureza.

- O nascimento virginal e a ressurreição de Cristo não podem ser eventos históricos.
- O mundo está em fase de progresso constante, sempre melhorando, dia após dia.

O Liberalismo do século XX mudou algumas dessas crenças devido a eventos que mostraram a vil natureza do ser humano: guerras de todo tipo, racismo, negação dos direitos humanos, assassinatos, brutalidades e massacres perpetrados por seres humanos contra seus semelhantes.

O Liberalismo no século XX também sofreu derrotas ao serem encontrados documentos, tais como os pergaminhos do Mar Morto, os Tabletes de Nuzi e Mara, provando a confiabilidade das Sagradas Escrituras, e com outras numerosas descobertas arqueológicas dos últimos anos, que confirmam a veracidade da Bíblia.

Questão para Reflexão

Para se compreender o liberalismo teológico, faz-se necessário co- nhecer o pensamento filosófico e teológico de sua época e suas influências. Alguns líderes protestantes se voltaram para pensamentos liberais, o que causou forte impacto em algumas denominações. Exemplifique alguns pensamentos do liberalismo teológico presente em algumas igrejas em nossos dias? E o que podemos fazer para termos uma teologia cristã sólida?

CAPÍTULO 5

Evidência Cristã no Pós-Modernismo

Os historiadores encontram sempre dificuldades para definir com precisão o momento exato da transição histórica de um período para o outro. Comumente separamos a Idade Antiga da Idade Média e Moderna; Isso torna-se possível pelos fatos que caracterizam cada período.

5.1- A Definição de Pós-Modernismo

Quando falamos de pós-modernismo, não é simples estabelecer um dia específico que aponte o início desse período. No entanto, os acontecimentos, as mudanças de paradigmas apontam claramente que a modernidade iluminista foi superada.

> *A Idade Média, ou pré-moderna é marcada pelo governo da Igreja. Nesse período, Deus é o centro de todas as coisas. Já na Idade Moderna, o homem torna-se o centro. A razão torna-se o único critério da verdade. Na pós-moderna, impera a indefinição, e consequentemente, não há centro. Ou seja, cada cabeça uma sentença, isto é, todos governam* (KIVTZ, 2007).

O termo pós-modernismo é atribuído ao filósofo francês Jean-François Lyotard, que diante de uma solicitação do Concílio das Universidades do Quebec, Canadá, sobre o assunto "*O conhecimento nas sociedades de mais alto grau de desenvolvimento*", escreveu sua resposta na forma de um ensaio que se intitulou

A condição pós-moderna: um relatório sobre o conhecimento. Entretanto, a lógica do pós-modernismo e muitos dos seus pensamentos já haviam sido propostos por filósofos como *Friedrich Nietzsche*, *Georg W. F. Hegel*, historiadores como *Arnold Toynbee*, e escritores como o espanhol *Federico de Onís.*

O pós-modernismo assume diversas formas que estão representadas nas áreas culturais como a literatura, a música, a arte, a mídia a televisão, e até a arquitetura. Ele pode ser percebido da música ao turismo, da televisão à educação, do modo de vestimenta até as coisas mais comuns do cotidiano. É um fato inegável que o "espírito" do pós-modernismo sutilmente invade todas as áreas da vida da sociedade atual. Segundo Alderi Souza: "o impacto da mentalidade dos nossos dias tem sido devastador em alguns países de formação cristã. Na Espanha, Alemanha e Inglaterra, menos da metade da população acredita em um Ser Supremo. Na França,os que creem não chegam a 30%".

5.2- Personagens e obras do pós-modernismo

Vejamos no quadro abaixo alguns dos mais notáveis pós-modernistas das últimas décadas do século XX e do presente, e suas obras literárias:

Autores pós-modernistas e suas principais obras

Autor	Obra
Thomas Altizer e William Hamilton	A Teologia Radical e a Morte de Deus
Clement Greenberg	Pós-Modernismo na Arte Contemporânea
Michael Foucault	Nietzsche – Genealogia e História Poder e Estratégias
Frederic Jameson	Pós-Modernismo e a Sociedade Consumista
Charlene Spretnak	Estados de Graça – Recuperando o estado de realidade e sentido na era pós-moderna
Hillary Lanson	Desconstruindo a Verdade – Realidade no mundo pós-moderno
Walter Truett Anderson	A Realidade não é mais como era
Hans-Georg Gadamer	A Verdade e o Método
Charles Jencks	A Cartilha (Escolar) do Pós-Modernismo O Que é Pós-Modernismo?
Heinrich Klotz	A Arquitetura Pós-Moderna
Heinrich Klotz	Discernindo a Mente de Deus
James B. Müller	O Emergente Mundo Pós-Moderno
Steven Connor	Cultura Pós-Moderna

5.3- O Pós-Modernismo e o Cristianismo

Os pensadores do Pós-Modernismo rejeitam os absolutos da fé cristã e equiparam o Cristianismo às demais religiões. Na teologia pós-moderna, todas as religiões são igualmente caminhos a Deus, pois ninguém tem direito de declarar diferenças e assumir superioridade.

Assim, religiões como o Hinduísmo, Budismo, Taoísmo e outras crenças e sistemas filosóficos orientais, que nem fazem menção de Jesus Cristo, são caminhos de salvação para a humanidade, tão válidos como o caminho pregado pelo Cristianismo. Até mesmo religiões que colocam Jesus Cristo e a Bíblia em posição inferior, como o Islamismo e o Alcorão, têm a mesma validade do Cristianismo e das Sagradas Escrituras.

O Pós-Modernismo rejeita a posição teológica exclusivista do Cristianismo em questão de salvação. Alguns religiosos pós-modernos costumam dizer que "todos os caminhos levam a Deus", defendendo assim o inclusivismo na questão de salvação. No entanto, é necessário salientar que o exclusivismo salvífico foi declarado por Jesus: "*Eu sou o Caminho, a Verdade e a Vida, ninguém vem ao Pai senão por mim*" (Jo 14.6). No mundo Pós-Moderno, cada um interpreta a v*erdade* da sua própria maneira, inclusive a verdade religiosa. O que é verdade para um, pode não ser para o outro, e vice-versa. Não há critério para se estabelecer *o certo* ou *o errado*. Nenhuma avaliação é superior ou digna de mais credibilidade do que a outra. No pensamento pós-moderno, todos têm direito de estabelecer suas próprias crenças.

5.4- O pós-modernismo e a Hermenêutica

Umas das características fundamentais dos tempos pós-modernos é o relativismo. Trata-se da negação da verdade absoluta. Essa mentalidade predominante nos nossos dias, opõe-se frontalmente às Escrituras Sagradas, que reivindicam para si a autoridade de Palavra de Deus.

As verdades contidas na Bíblia não podem ser relativizadas, pois tratam da vontade eterna de Deus. Reduzir o conteúdo bíblico ao mesmo nível de outros textos sagrados seria o mesmo que negar a superioridade do Cristianismo e, consequentemente, do próprio Cristo.

Os filósofos pós-modernos aplicaram as teorias da desconstrução literária ao mundo como um todo. Hans Georg Gadamer proclamou:

> *O significado de um texto não é inerente ao texto em si, mas emerge apenas à medida que o intérprete, a pessoa que lê, dialoga (ou se identifica) com o texto. Uma vez que o significado de um texto depende da perspectiva (ou as realidades) de quem dialoga com ele, são muitos os seus significados, como são*

muitos também os seus leitores.

Isso significa que, assim como um texto terá uma leitura diferente conforme o leitor, da mesma maneira a realidade (e as experiências correspondentes) poderá ser vista diferentemente por cada indivíduo. Desse modo, o mundo não tem apenas um modo de interpretá-lo, e é inadmissível aceitar um centro transcendente para a realidade como um todo. No livro *Sobre Gramatologia*, escreveu Jacques Derrida: *"Já que não há nada transcendente (ou divino) que seja inerente à realidade, tudo o que emerge no processo do conhecimento é a perspectiva do eu que interprete a realidade"*.

As consequências morais do relativismo pós-moderno aplicado à hermenêutica estabelecem uma ausência de paradigmas, deixando cada indivíduo à mercê da sua própria consciência. Basta observar o cenário e ver o número crescente de movimentos que confrontam as leis do país, tentando um afrouxamento ético-moral. Diversas práticas que nos séculos passados eram absolutamente inaceitáveis nos países de tradição cristã, no cenário pós-moderno tornam-se legítimas aos olhos da sociedade.

5.5- Evidência Cristã e o Pós-Modernismo

Embora, após uma leitura sincera no cenário atual, tenha-se uma impressão pessimista com respeito aos rumos da Fé Cristã diante do relativismo pós-moderno, os cristãos partem da convicção de que Deus tem o domínio da história. Dois mil anos de sobrevivência aos mais diferentes ataques asseguram aos seguidores de Cristo a certeza de que o Cristianismo tem sido preservado pelo próprio Deus.

A modernidade representada pelo racionalismo iluminista mostrou-se incapaz de suprir os anseios da sociedade. A promessa de uma evolução e progresso que aconteceria mediante a libertação da consciência religiosa não foi cumprida. Os anos que se seguiram ao iluminismo desencadearam duas guerras mundiais no século vinte.

A frustração do homem pós-moderno, após ter presenciado um progresso que não solucionou os problemas essenciais da humanidade, tornou-o indiferente, superficial, vazio e sem identidade. É nesse cenário que a Fé Cristã se apresenta como o ponto de referência que oferece sentido a vida humana. O momento é favorável. Nesse ambiente de promiscuidade, Cristo não pode ser apenas mais um dos vários deuses existentes. O que o torna indispensável é o fato de que não há outro caminho pelo qual as pessoas consigam chegar a Deus.

Quando o homem pós-moderno for apresentado a Cristo, como o único

Deus capaz de salvar, deverá também saber que esse Deus se revelou à humanidade objetivamente através das Escrituras Sagradas. Embora todas as confissões religiosas reivindiquem a mesma autoridade aos seus livros sagrados, é somente na Bíblia que está expressa a vontade de Deus.

Desse modo, Evidência Cristã se apresenta como ferramenta necessária à exposição do Evangelho nesse ambiente pós-moderno. Como disse Pedro na sua primeira epístola: "*Antes, santificai a Cristo, como Senhor, em vosso coração; e estais sempre preparados para responder com mansidão e temor a qualquer que vos pedir a razão da esperança que há em vós*" (I Pe 3.15).

Questão para Reflexão

A pós-modernidade é um termo usado para denominar o conjunto das características que marcam a presente época. A modernidade, época anterior a pós-modernidade, foi marcada pelo otimismo, quando o homem pensou que a ciência iria resolver todos os problemas da humanidade. Como apresentar o Evangelho de modo relevante para este tipo de sociedade pós-moderna? Como pregar a esta geração que vê o pecado como sendo nada mais do que uma doença?

A BÍBLIA, O LIVRO-GUIA DO CRISTIANISMO

Nesta unidade, estudaremos a Bíblia Sagrada, pois ela contém muitas obras diferentes. Contudo, em seu âmago, destacam-se as histórias que relatam como Deus falou e agiu na história humana, mas focalizaremos o papel específico que a Bíblia tem dentro da fé cristã e como ela se encaixa dentro da fé e da vida cristã em nossos dias.

No capítulo um, verificaremos as razões para a defesa das Sagradas Escrituras. O livro de Deus, por sua própria essência, defende-se a si mesmo através de suas declarações e inspiração divina. No segundo capítulo, observaremos a autoridade bíblica – provas externas. Talvez não exista um livro que seja tão atacado e questionado quanto à sua integridade e à sua autoridade como a Bíblia Sagrada. Seus críticos exigem provas das mais persuasivas e exatas sobre suas doutrinas, sua autoria e credibilidade. No terceiro capítulo, abordaremos a integridade bíblica – provas internas. A Palavra de Deus não precisa que nenhum ser humano defenda sua autoridade e a sua inspiração divina, pois ela mesma, através de seu conteúdo, comprova sua própria veracidade e, por fim, no quarto capítulo estudaremos as profecias: respostas do cristianismo aos críticos da Bíblia. Os cristãos acreditam que somente Deus pode ver o futuro e, muitas vezes, é o desejo de Deus revelar fatos futuros ao Homem. Para isso, Deus usou homens que, ao receberem suas revelações, transmitiram-nas de forma oral e escrita.

CAPÍTULO 1

As Razões para a Defesa das Sagradas Escrituras

Alguns perguntam: qual é a necessidade de defender a Bíblia? O Livro de Deus, por sua própria essência, defende-se, através de suas declarações e inspiração divina. Porém, por causa da importância do raciocínio humano, apresentaremos, neste capítulo, duas razões para os cristãos fazerem a apologia das Escrituras Sagradas: primeira, convencer os incrédulos da veracidade do Cristianismo; segunda, refutar os céticos e seus falsos ensinos combatendo assim os opositores das sagradas Doutrinas.

1.1- Convencer os incrédulos

Algumas pessoas aceitarão o Cristianismo somente se forem convencidas da natureza divina das Sagradas Escrituras. Convencer o incrédulo através de dogmatismo ou convicções pessoais é tarefa difícil ao cristão. Mas é possível persuadi-lo com argumentos fundamentados que apelem ao raciocínio. O raciocínio pode remover muitas dificuldades e dúvidas sobre o Cristianismo e a Bíblia. O apóstolo Paulo se tornou *"tudo para todos os homens a fim de ganhar alguns para Cristo"* (I Co 9.22).

O cristão deve aplicar a razão aos argumentos apologéticos a favor de sua fé. O raciocínio é uma faculdade dada por Deus ao homem para ser usado para a sua glória, bem como todo o restante do ser humano. Caso contrário, o mundo, que tanto valoriza o intelectualismo humano e secular, rejeitará um Cristianismo baseado somente em fatos religiosos e sobrenaturais. Para alguns é difícil aceitar aquilo que parece ser incrível, extraordinário. Somente apelando ao raciocínio convenceremos o homem a aceitar aquilo que, sem explicação, deixa a mente perplexa.

Cristo condena o pecado que altera a razão do homem obstruindo os ensinamentos bíblicos, mas não condena o estudo analítico da Palavra de Deus nem o uso da razão. Jesus, nos seus ensinamentos, trabalhou nos ouvintes de suas palavras a razão. Em vários versículos do livro de Mateus, vemos esses estímulos quando Ele cita alguns pontos dos Mandamentos (Mt 5.21,27). Nesse contexto, Cristo está exigindo mais do que refletir nas atitudes, exortando a prática contrária dos coletores de impostos. Vemos em Isaías 54.13: "Todos os seus filhos serão ensinados pelo Senhor". Jesus pedia que os ensinamentos bíblicos como registros bíblicos fossem estudados e meditados condiciona- dos à influência de Isaías.

Os crentes precisam responder, inteligentemente, às perguntas feitas por pessoas honestas que, sinceramente, desejam saber a verdade. Qualquer resposta não serve nesta hora, pois a mesma pode ser a diferença entre o inquiridor aceitar a Cristo ou rejeitá-lo, entre a vida eterna e a perdição eterna. Uma resposta inteligente exige, além de um bom conhecimento das Escrituras, a unção do Espírito Santo, pois é ele quem *"convence o homem do pecado, da justiça e do juízo"* (Jo 16.7,8).

1.2- Refutar os céticos

O cristão deve defender suas crenças diante dos críticos que querem destruir a Religião Cristã. Os céticos apresentam fortes e astutas críticas contra a fé cristã e a Bíblia Sagrada, acusando o Cristianismo de ser uma religião anti-intelectual. Para isso, empregam "ferramentas" como, raciocínio, pesquisa e preparo cuidadoso nos seus argumentos. O cristão precisa estar pronto para responder-lhes no mesmo nível, refutando seus opositores através do bom senso, do raciocínio e da lógica, mostrando que essas "ferramentas" não são incompatíveis com sua fé. Deus nos manda defender a fé cristã e a Bíblia (Mt 10.32), estando preparados intelectual e espiritualmente (I Pe 3.15) para responder os céticos. Se não o fizermos, os críticos argumentarão que não possuímos base racional para defender o Cristianismo. Na vida cristã andamos pela fé. Entretanto, essa fé possui fundamentos e sua validade deve ser provada com raciocínio e conhecimento sólido. Essa validade nos permite suportar o escrutínio dos inquisidores e resistir triunfantes aos seus ataques.

1.2.1- Moisés e os profetas

Moisés e os profetas, em sua época, já utilizavam a razão para sustentar a existência de Deus e a autoridade das Suas declarações. O Pentateuco, os cinco primeiros livros da Bíblia, apresenta muitos argumentos fortes sobre a existência de Deus; a criação do mundo está em Gênesis; os milagres e maravilhas na libertação de Israel da escravidão egípcia são momentos que nos apresentam a grandiosidade e o poder de Deus, sem mencionar também o livro de Jó, os Salmos e os escritos dos profetas.

1.2.2- A apologia de Jesus

Jesus é um exemplo por excelência na exposição de apologias diante dos fariseus, saduceus e outros líderes religiosos, nos anos de sua vida terrestre (Mt 12.22-32; 22.15-46; Lc 13.10-16; 18.9-14; Jo 5.16-47; 7.15-24; 8.21-59; 10.22-39). O apologista deve estudar os métodos de Jesus e preparar-se para responder corajosamente àqueles que se opõem à verdade.

Jesus falou *"com autoridade"* (Mt 7.29; Mc 1.22; Lc 4.32) durante o seu ministério. A palavra *autoridade*, em sua raiz grega, significa *lógica*. Jesus fez afirmações espantosas, apresentou perguntas desafiadoras e usou palavras francas que irritaram e confundiram seus ouvintes. Sua sabedoria os deixava sem resposta e maravilhados com suas observações perspicazes e penetrantes (Mt 13.54; Mc 6.2; Jo 7.46).

1.2.3- A igreja atual

A igreja atual precisa defender, com excelência na argumentação, as Escrituras Sagradas das falsas doutrinas e mentiras levantadas contra a Bíblia. Há muitas vozes ecoando ao redor do mundo hoje, anunciando ensinos heréticos e defendendo práticas pecaminosas. A única maneira de calar os mentirosos e aniquilar suas falsidades é exigir que apresentem provas claras, substanciais e válidas de suas declarações mentirosas. É inaceitável que a Igreja de Jesus Cristo, que possui os puros e verdadeiros preceitos da Palavra de Deus, cale-se neste momento da história. A Igreja, como detentora da verdade, deve proclamar e não silenciar num momento como este. É hora de levantar sua voz neste universo e não se esconder atrás de desculpas que possibilitaram aos opositores galgar posições de vitória que, às vezes, assinalaram derrotas para os cristãos e os ensinos da Bíblia.

O silêncio da Igreja tem provocado derrotas imensas aos valores do Reino de Deus. Se os cristãos em todo o mundo tivessem se unido contra a prática de aborto provocado, protestado contra o ateísmo que não permite qualquer menção do nome de Jesus em muitas escolas do mundo, condenado a eutanásia que é permitida por lei em muitos países, posicionando-se firmemente contra o casamento de pessoas do mesmo sexo e muitas outras aberrações que outrora nunca receberam apoio, muitas dessas ações não teriam recebido a força e a aceitação de que gozam em nossa sociedade, tornando-se tão comuns ao mundo atual.

Os preceitos bíblicos demarcam limites éticos e morais claros ao ser humano. Portanto, o cristão não deveria ficar sem resposta quando tem o direito e a oportunidade de apresentar a posição bíblica sobre o comportamento do homem moderno. Precisamos de pessoas com boa base bíblica e coragem para expor suas convicções diante de uma sociedade que escolhe caminhos errados e contrários à Palavra de Deus.

1.3- Principais opositores das Sagradas Doutrinas

As estatísticas mostram que quase dois terços dos seres humanos possuem conhecimento da existência do Cristianismo e já ouviram o Evangelho de Jesus Cristo, mas, apesar disso, somente um terço do mundo é cristão. Então, surge a pergunta: Se tantos ouviram o Evangelho, porque permanecem incrédulos? Sabemos que Deus criou o homem com livre-arbítrio, tendo este o direito de escolher suas crenças e optar por qual seguir.

Neste capítulo, vamos estudar mais sobre as pessoas que se opuseram às Sagradas Doutrinas ou que têm sérias dúvidas sobre a sua veracidade.

1.3.1- Céticos

Os *céticos* afirmam que não há provas que confirmem que a criação do universo e do homem foram obras de um Supremo Ser. Aqueles que duvidam da existência de Deus alegam que os argumentos dos cristãos em defesa da sua fé são baseados em *experiências emocionais e superstições.* Tais experiências são apoiadas por livros, principalmente a Bíblia, cuja autoria divina e veracidade para esse grupo são questionáveis. O cético, além da Bíblia, também rejeita o sistema eclesiástico e espiritual do Cristianismo.

1.3.2- Agnósticos

Os *agnósticos* são provenientes das escolas de ceticismo. Afirmam que ninguém pode saber se Deus existe ou não. Os agnósticos geralmente são agressivos em seus posicionamentos contra o Cristianismo. Declaram que é impossível para o ser humano afirmar que existe um ser divino, quando este nunca foi visto, e mais ainda, que este ser invisível criou e controla todo o universo. Alegam que Deus é uma criação do homem, fabricado na mente de pessoas simples que acreditam facilmente em mitos. Para eles, a Bíblia não é mais inspirada do que os escritos de Confúcio, Buda, ou qualquer outro grande líder religioso.

1.3.3- Ateus

Os *ateus* não acreditam, absolutamente, na existência de Deus, ou qualquer divindade. Rejeitam completamente a Bíblia e todo o Cristianismo, zombando da fé dos cristãos. O raciocínio humano é seu deus. Para eles, as teorias da evolução orgânica, os cálculos dos cientistas agnósticos ou ateus sobre as origens do universo, a sua idade, seu desenvolvimento e seus sistemas solares são as únicas explicações *razoáveis* e *sensatas.*

1.3.4- Panteístas

Os *panteístas* são seguidores de um sistema filosófico que identifica a divindade com o mundo e segundo o qual Deus é o conjunto de tudo quanto existe. Há duas formas de panteísmo:

- **Panteísmo Absoluto** - tudo é Deus e Deus está em tudo.
- **Panteísmo Modificado** - Deus é a realidade ou princípio que controla tudo.

O Panteísmo crê na união de tudo que há no mundo. Todas as coisas possuem igual importância e devem receber sua devida honra e respeito, formando uma família. Para o panteísta, não é necessário ir a uma igreja para adorar a Deus, pois ele está em toda a natureza, nos rios, nas árvores e flores, nas plantas, nos animais e nas pessoas. Deus está em tudo. O panteísta adora a criação ao invés de adorar o Criador. O *Neoconfucionismo*, que nasceu do Confucionismo, o velho sistema religioso e ético do filósofo Confúcio (século V a.C.), é panteísta, e há várias outras religiões orientais que têm alguns ensinos e tendências para essa filosofia. O *Monismo*, do Hinduísmo tradicional, é essencialmente panteísta.

1.3.5- Politeístas

Os *politeístas* são aqueles que creem em muitos deuses. Do grego *poli* (mais que um) e *theos* (Deus). O Politeísmo veio do antigo *Animismo*, que acredita que todo objeto tem um espírito que deve ser respeitado e apaziguado. Os espíritos mais fortes tornaram-se deuses, devido a sua importância e impacto direto na vida cotidiana.

No Velho Testamento, desde os primórdios dos tempos, Deus instituiu o *monoteísmo* para a Nação de Israel. Entretanto, os povos pagãos que circundavam Israel continuaram adorando muitos deuses. Os israelitas acabaram influenciados pelos cultos, cerimônias e práticas pagãs. Sempre que deixavam de seguir as instruções de Jeová e se rebelavam contra ele, caíam em idolatria e outros pecados. Condenados fortemente pelos sacerdotes, líderes e profetas de Israel, sofreram severas punições de Deus devido à sua infidelidade (Ex 20.3,23; 34.11-14; Nm 33.52; Lv 26.1; Js 24.14-16; Is 45.20-22).

O Hinduísmo é o mais marcante exemplo de politeísmo em nosso mundo hodierno, com seus 33 milhões de deuses. O Xintoísmo do Japão é politeísta, como também o Jainismo da Índia.

1.3.6- Livres pensadores

Os *livres pensadores* são aqueles que requerem o direito de pensar por si, forman do suas opiniões religiosas com base em seu próprio raciocínio. Recusam a auto ridade de uma igreja ou da Bíblia. O filósofo inglês Antônio Collins e um a migo, João Toland, foram os primeiros a usar esse título e formar uma sociedade de pessoas do mesmo pensamento. Lord Bolingbroke e David Hume lideravam grupos na Inglaterra, e o agnóstico Voltaire, na França. Na Ale manha, floresceu sob o reinado de Frederico, o Grande. Esse grupo é ateu na maioria das crenças, porém prefere não ser identificado assim.

1.3.7- Materialistas

Os *materialistas* formam uma classe de incrédulos que acredita que a existência do homem finda na morte, sendo ridícula a preocupação com um "futuro desconhecido que provavelmente não existe". Às vezes, são chamados de secularistas, pois vivem somente para o presente. Dizem eles: "Deixa o futuro cuidar de si, viva para o hoje, pois esta é a única existência que nos é garantida". Declaram que Jesus era materialista, pois admoestou seus seguidores a não se preocuparem com o amanhã (Mt 6.34).

A filosofia do materialista é que o mundo material é a fonte e também o alicerce de toda a realidade. Há várias escolas de pensamento em materialismo.

Existe a Escola Hegeliana, de George Hegel, baseada nos três princípios dialéticos de tese, antítese e síntese. Essas mudanças marcam toda a vida e pensamento do homem. É somente através desse processo que se alcança o conhecimento. Hegel admite que a experiência espiritual pode levar o homem a compreender a razão para a sua existência. A Escola Marxista, de Karl Marx, que começou com a filosofia de Hegel, mas depois a rejeitou, é um exemplo de materialismo ateu absoluto. Marx afirmou que não existe um Supremo Ser, Deus, e que o homem é o dono de sua própria vida. Segundo ele, o homem pode chegar a todo conhecimento pelo processo dinâmico de dia leticalismo, a arte de raciocínio através da discussão e argumentação sagaz, não necessitando de nenhum guia, plano moral ou desígnio proposital fora de si.

Hoje, o materialismo tem adquirido a seguinte definição: o homem deve procurar o conforto material, a segurança financeira, a vida boa, ao custo de uma vida dedicada a Deus e seu reino, e vivida para a sua glória.

1.3.8- Chicanistas

Os chicanistas são aquelas pessoas que gostam de discutir assuntos sem importância apenas pelo prazer da discussão (Ex: Onde Caim achou a sua esposa?). Estudam as Escrituras com a finalidade de achar contradições ou erros éticos na Palavra de Deus. Procuram trechos de difícil interpretação, que nada tem a ver com as doutrinas fundamentais da Bíblia, e insistem receber explicações detalhadas sobre estes. Os Epicureus, da Grécia, eram chicanistas, bem como algumas seitas que existem hoje.

Questão para Reflexão

A igreja de hoje sofre com o silêncio diante de tantas aberrações praticadas pelo mundo. Que meios poderíamos usar para combater as práticas que excedem os limites éticos e morais que são apresentados na palavra de Deus e os opositores da palavra de Deus?

A Autoridade Bíblica – Provas Externas

Talvez não exista um livro tão atacado e questionado quanto à sua integridade e sua autoridade como a Bíblia Sagrada. Seus críticos exigem provas das mais persuasivas e exatas sobre suas doutrinas, sua autoria e credibilidade. Os ateus não a aceitam em absoluto, os agnósticos questionam sua inspiração e as suas fontes, e os céticos duvidam da sua veracidade. Sempre haverá os que não aceitam a Bíblia como a Palavra de Deus aos homens.

2.1- A Bíblia e a Astronomia

A própria Bíblia fornece provas internas da sua inspiração divina e, além dessas, há diversas provas externas irrefutáveis da sua total integridade e veracidade, provas extrabíblicas que provêm da ciência, da arqueologia e da história. Temos também prova da sua incrível preservação durante os séculos, e seu efeito salutar sobre as nações e pessoas que seguem seus ensinos. Trataremos desses assuntos neste capítulo. Vamos começar este estudo com algumas provas externas: provas que provêm da ciência de Astronomia.

A Bíblia já declara no livro de Salmos 19.1: *"Os céus declaram a glória de Deus e o firmamento proclama a obra das suas mãos"*. Os astrônomos de tempos passados acharam que a nossa Terra era o centro do Universo, e que tudo se revelou ao redor dela. Porém, a ciência da astronomia descobriu que a Terra é somente um dos planetas que orbitam ao redor do Sol em nosso sistema solar. Há bilhões de estrelas na Via Láctea e o nosso Sol é uma delas; a Via Láctea por si é uma das galáxias inumeráveis do grande Universo acima de nós, que consiste de planetas, suas luas, milhares de asteroides, meteoros, pedaços de pedras e gelo que às vezes se transformam em cometas, além das partículas de pó e gases.

Os planetas mais próximos de "nosso" Sol (os cientistas têm descoberto milhares de outras galáxias celestes, todos com seu próprio Sol) são Mercúrio, Vênus, Terra e Marte. Somente a Terra sustenta a vida humana, os outros são quentes ou frios demais e não têm vida humana, nem possibilidade de sustentá-la. Os outros mais conhecidos, Júpiter, Saturno, Urano, Netuno e Plutão são gasosos, sendo que estes últimos quatro estão totalmente congelados e também com a gravidade que faz impossível um ser humano sobreviver neles. Todos esses corpos celestes têm de ser mantidos numa órbita de muita precisão, pois qualquer colisão entre qualquer um desses milhões de corpos no espaço resultaria numa catástrofe que afetaria desastrosamente todo o universo. Quem é que mantém todo este grande complexo espacial em perfeita ordem? Quem pode melhor dirigir todo seu andamento, suas funções, senão Aquele que os criou!

Há bilhões de estrelas que Deus criou e a Bíblia declara que cada uma delas é diferente da outra, fato que a ciência recentemente confirmou. Você já procurou contar as estrelas? Em Salmos 147, vs. 4, a Bíblia declara que Deus conta o número das estrelas, e até chama todas pelos seus nomes!

No livro de Jó 38.24-38, vemos o completo controle que Deus exerce sobre os elementos: os ventos, as nuvens, a chuva, os raios, etc. Todos eles são sentidos ou vistos por todo o ser humano. Há cientistas que procuravam provar que Deus não tem domínio sobre tais coisas, mas a Ciência de Astronomia já errou muitas vezes, nos seus cálculos. Existem milhares, senão milhões, de livros-texto da Ciência (incluindo aqueles sobre Astronomia), que têm sido abandonados em depósitos nas escolas por todo o mundo. Os livros de Ciências dos anos 40 declaram que não seria possível alcançar e andar sobre a Lua. Porém, nos anos 60, os homens conseguiram essa façanha! Quando os astrônomos do passado declararam que a Terra era um planeta plano, a Bíblia já a tinha colocado como um círculo, um globo redondo, um fato que a Ciência da Astronomia mais tarde veio a descobrir e aclamar (Is 40.22). A Ciência da Astronomia é forçada a reconhecer a verdade das Escrituras Sagradas. Afinal, o maior astrônomo de todos os tempos escreveu esse livro. Se alguém encontrar algo, como não tem conseguido até agora, que discorde dessa nobre ciência. Podemos concluir que o problema não está com a Bíblia. E devemos observar o fato de que a Ciência da Astronomia ainda tem muito a descobrir sobre o espaço sideral, e ainda tem um logo caminho a percorrer.

2.2- A Bíblia e a Arqueologia

Vamos investigar declarações e eventos da Bíblia que claramente mostram que a Palavra de Deus é um livro autoritativo da História. Necessariamente, usaremos, também, as descobertas autenticadas da Arqueologia, que provam que as descobertas sao acontecimentos e fatos registrados nas Escrituras antes de virem à tona nos trabalhos dos Arqueólogos nos últimos dois séculos.

A História é o estudo do passado, com suas tradições, livros, escritos, documentos e velhos manuscritos. Pode incluir informações de outro material que marcam vários períodos da história humana.

A Arqueologia é o estudo científico das culturas humanas do passa- do; investiga a vida e as sociedades antigas através de objetos deixados por eles, como as ruínas de edifícios, os documentos, as ferramentas, os ossos, a cerâmica, as moedas, etc.

Vamos considerar aqui algumas provas da história como relatadas na Bíblia. Essas provas vêm a nós principalmente pelas descobertas arqueológicas.

2.2.1- Osnapar – (Assurbanipal) Ed. 4.10 (668-626 a.C.)

Um famoso rei da Assíria, conhecido entre os Persas como Assurbanipal, neto do rei Senaqueribe, era um dos mais poderosos reis e estadistas do Oriente Médio dos séculos VII e VI a.C. A sua biblioteca tinha mais de 22 mil tabletes contando a história da Babilônia. Ela foi encontrada junto às ruínas do seu suntuoso palácio na área de Kuyunjik (um subúrbio da velha cidade de Nínive) e foi descoberta pelos arqueólogos britânicos no século XIX d.C. Até o momento da descoberta, os nomes de muitos dos reis da Assíria eram somente achados na Bíblia, mas eles foram personagens reais de carne e sangue que viveram em séculos passados.

2.2.2- Sargão II – Rei da Assíria (Is 20.1) (722 - 705 a.C.)

Este rei da Assíria (país que conhecemos hoje como Iraque) é mais conhecido pela sua batalha e conquista de Samaria, em que ele levou em cativeiro para Assíria mais que 22 mil samaritanos. Toda a história dessa conquista foi descoberta 150 anos passados, em textos no cuneiforme encontrado pelos arqueólogos franceses. As ruínas do seu grande palácio foram encontradas no Khorsabad, na velha Mesopotâmia. A vida desse rei e de seu reinado foi pouco conhecida fora dos relatos bíblicos, porém, com as descobertas dos arqueólogos, sua vivência histórica está provada.

2.2.3- Senaqueribe – Rei de Assíria (II Rs 18.13-16; 19.35-37) (705-680 a.C.)

Este rei, filho de Sargão II, foi sem dúvida, o mais sangrento e brutal dos reis da Assíria. Somente no começo do século XX d.C., os textos e documentos contando a vida e o reinado dos governantes da Assíria foram decifrados. Assim, ficaram conhecidos os feitos e conquistas sangrentas do poderoso Rei Senaqueribe. O ataque e a vitória sobre a bem fortificada cidade de Laquis são destacados nos anais históricos como a mais violenta e sangrenta batalha de todos os reis Assírios. Quando o arqueólogo inglês James Starkey escavou as ruínas dos muros de Laquis, ele encontrou grandes buracos deixados pela artilharia dos guer- reiros assirianos, mostrando a força e a violência da invasão. Os livros bíblicos de II Reis e Isaías relatam a história do rei Senaqueribe, e os arqueólogos têm confirmado esses relatos. A cidade de Laquis foi destruída logo depois que Senaqueribe subiu ao trono (701 A. C) e nunca foi reconstruída.

2.2.4- Tiglate – Pileser III – Rei da Assíria (II Rs 15.29; 16.7,10; I Cr 5.6,26; II Cr 28.20) (744 - 727 a.C.)

Era conhecido no A. T. pelo nome "Pul". Durante os dias que o rei Peca governava Israel, o Tiglate-Pileser III da Assíria invadiu Canaã e conquistou as cidades de Hazor, Gileade, Galileia e todo o território de Naftali. O rei Tiglate -Pileser III colocou seus oficiais para governar sobre esses lugares, porém ele levou todo o povo e seus bens em cativeiro para a Assíria. Um tirano brutal, ele passou pelos países mediterrâneos obrigando, pelas guerras violentas, todas as nações a tornarem-se províncias e tributaristas do Império Assírio. Cartas em cuneiforme semítica, documentos e tabletes do seu reinado e suas sangrentas conquistas foram encontrados pelos arqueólogos da Universidade Hebraica em Jerusalém.

2.2.5- Esar – Hadom, rei da Assíria (II Rs 19.37; II Cr 33.11; Ed 4.2) (680 – 668 a. C.)

Possivelmente Esar-Hadom era o rei da Assíria que prendeu o rei israelita Manassés com ganchos e amarrou-o com cadeias e levou-o em cativeiro para a Babilônia (II Cr 33.11). No começo do século XX d.C., começaram a aparecer e ser decifrados os textos e anais históricos desse rei, e outros reis da Assíria e Babilônia que reinaram nos séculos VIII e VII a.C., assim fornecendo evidências e provas da sua existência e conquistas, como relatadas na Bíblia.

2.2.6- Os Reis da Pérsia: Ciro e Dario

Ciro II, o Grande, reinou de 550-529 a.C. e Dario I reinou de 522- 486 a.C. Algumas referências sobre o Rei Ciro são II Cr 36.23; Dn 6.28; Ed 1.1,2; 4.5; 6.14; Is 44.28; 45.1-4.

O Rei Ciro II, conhecido mais pelo título de Ciro, o Grande, foi um rei pagão, usado por Deus para permitir que os judeus em cativeiro na Pérsia voltassem e reconstruíssem a cidade de Jerusalém (Ed 1.1-8). O profeta Isaías já tinha profetizado que Deus ungiria a Ciro, o Grande, para uma missão oficial, ainda que fosse um rei pagão, que não conhecia o verdadeiro Deus (Is 44.28; 45.1-4). Essa profecia fora dita pelo profeta Isaías, cerca de 200 anos antes do seu cumprimento. A prova da existência de Ciro, o Grande, e seus feitos não vêm somente da Bíblia, mas dos anais históricos seculares dos persas.

O Império Persa com suas conquistas estende-se desde a Índia até o Rio Nilo do Egito, incluindo todo o território do Oriente Médio. Foi o mais poderoso império do mundo por mais de 200 anos. Com o apoio dos Persas, novamente a Lei de Moisés tornou-se a lei de Israel, e de todos os judeus, como escrito no livro de Esdras (7.23-26).

O Rei Ciro, o Grande, foi seguido no trono pelo seu filho Cambises II que ajudou o Império Persa a chegar ao seu auge. Ele foi sucedido pelo Rei Dario I. Este foi o rei que pôs em ação o plano de terminar o templo em Jerusalém (Ed 4.5) e que deu apoio e material para que fosse realizado o projeto. Há numerosas menções a ele no livro de Esdras (Caps 4-6). O projeto levou menos que cinco anos para ser completado. Restou para Neemias no século seguinte (aproximadamente em 515 a.C.), sob o apoio do Rei Artaxerxes, trabalhar na reconstrução dos muros.

Em 1905 d.C., em nossa era cristã, documentos em papiro foram descobertos na Ilha de Elefantina (localizada ao lado da primeira catarata do Rio Nilo perto da famosa represa Aswã). Escritos em aramaico imperial, e datando do ano 419 a.C., contêm uma mensagem do Rei Dario escrita à colônia dos judeus militares da Ilha, instruindo-os so- bre como deveria ser celebrada a Festa da Páscoa. Os persas permiti- ram, também, que os judeus fabricassem e usassem o seu próprio di- nheiro, pois existem muitas moedas do povo judeu desse período (dracmas áticas), porém com imagens dos deuses da Pérsia.

2.2.7- Artaxerxes (rei da Pérsia) - (Ed 6.14; 7.1,11-13,21; 8.1;Ne 5.14)

A Bíblia relata no livro de Esdras (7.11-21) como Artaxerxes I, o Rei da Pérsia, deu uma carta de decreto ao sacerdote Esdras, libertando todo o povo de Israel para sair do cativeiro e voltar a Jerusalém. E não somente deu ordens sobre a volta do povo, mas ofereceu o ouro e a prata do próprio rei e seus conselheiros junto com os utensílios levados como espólio para a Pérsia. Deu também dinheiro para comprar animais para os sacrifícios oferecidos em holocausto pelos judeus. Tudo isso visava à eventual reconstrução de Jerusalém e seus muros.

Esse mesmo rei instalou o copeiro Neemias como um governador independente sobre Judá (Ne cap. 2) no ano 444 a.C. e o trabalho da restauração dos muros de Jerusalém foi começado, e logo terminado em 52 dias (Ne 6.15).

O arqueólogo britânico J. Garram escavou partes do muro e logo chegou à conclusão, pelo material usado, de que o muro foi construído rapidamente com qualquer tipo de material e tamanho de pedras que veio à mão. Nas ruínas e detritos encontrados no nível ou estrada da cidade, datando do século 5 a.C., foram encontradas moedas e selos de origem persiana, alguns com as imagens dos reis da Pérsia daquela época.

2.2.8- Os reis de Mari (contemporâneos do patriarca Abraão)

Em 1934, o arqueólogo francês Parrot, escavando numa pequena vila chamada Abu Kamal, localizada ao leste de Damasco e ao sul de Aran, encostada no Rio Eufrates, desenterrou as ruínas do velho reinado de Mari (Tell Hariri). Um "tell" é um acúmulo de detritos e ruínas de várias épocas e períodos de civilização. Com o passar do tempo, o "tell" começa a subir, formando vários estratos ou níveis, cada um desses pertencendo a algum período anterior, com aqueles debaixo sendo os mais antigos.

Os arqueólogos identificam essas pequenas elevações como "tells", e são exatamente eles que têm revelado os segredos de povos dos séculos passados.

Os habitantes de Mari foram amoritas que tinham ocupado aquela região por muito tempo. Eles eram o povo pacífico que vivia com medo das invasões de um povo conhecido como os Benjamitas. Nos tabletes descobertos, escritos em cuneiforme, foram encontrados muitos nomes de pessoas e cidades bíblicas: Pelegue, Seruge, Naar, Terá, Aran, Ur. Tantos dos costumes e práticas desse período identificam-se com o patriarca Abraão, coisas como: seu casamento com a prima-irmã; de manter um pequeno exército na sua casa; de conceber filhos com uma serva de casa, quando a esposa não podia ter filhos. Há menção de muitas cidades e povos do tempo do patriarca Abraão.

2.2.9- O povo heteu ou hititas

Descendente de Hete, neto de Cão (um dos filhos de Noé) Gn 10.15; Ex

3.8,17; Nm 13.29; Js 3.10; II Rs 7.6.

Por séculos, esse povo foi considerado somente "lendário", pois não havia evidências de sua real existência, além dos relatos bíblicos, especialmente mencionado em conexão com o patriarca Abraão em vários capítulos de Gênesis. Todo esse conceito caiu por terra em 1906, quando a escavação do arqueólogo alemão Hugo Winckler trouxe à luz a extensão do poderoso Império dos heteus. Em ruínas escavadas do Antigo templo, edifícios e monumentos, foram reveladas inscrições e informações sobre esse povo. Depois surgiram significativos documentos encontrados no Egito, mostrando a amizade e íntima ligação entre o povo heteu e egípcio, pois o Faraó Rameses II casou-se com uma princesa dos heteus. O povo heteu era do fundo étnico europeu, de alto grau cultural, mas, no milênio antes de Cristo, conquistou a Assíria e misturou muitos dos costumes do povo assírio com os seus e também dos hebreus. Achamos mais sobre esse assunto nos antigos tabletes de Nuzi, Mari e Ras Shamra encontrados na Síria, no Iraque e na Turquia. O povo heteu habitava principalmente na Ásia Menor, no país hoje conhecido como Turquia, porém encontramos os sinais de suas colônias em diferentes países dos tempos bíblicos. As cidades de Anatólia, Carquemis, Alepo, Hamate e muitas outras eram comunidades dos heteus, todas localizadas na Síria. Foi de Hete que o patriarca Abrão comprou o lugar para enterrar sua querida esposa Sara (Gn 23: 3, 4, 5).

2.2.10- As cidades Pitom e Ramessés (no Egito) – Êx 1.11 (aproximadamente 1300 a.C.)

É declarado claramente que o povo de Israel foi mandado edificar as cidades de Pitom e Ramesses. Dado o fato que o Faraó Ramsés I governara o Egito por somente um ano, é quase certo que o Faraó que exigiu o trabalho duro e forçado da parte dos israelitas era Ramsés II, um cruel e poderoso Faraó que reinou sobre o Egito por mais de 65 anos. Ele queria uma cidade com seu nome para ser lembrado na posteridade, o que era comum aos faraós. Eles arrasaram cidades para reconstruí-las, dando-lhes o seu próprio nome. O nome da cidade de Ramesses era originalmente Tanis ou Avaris. O Ramesses I rebatizou a cidade com o nome Per-Ramasses-Meri-Imes. Entre os anos 1929-1932 d.C., depois de muita procura da parte dos arqueólogos, eles descobriram as ruínas da cidade de Ramesses.

Aparentemente, a vaidade do Faraó Ramesses I era tão grande como a sua paixão pela engenharia civil. Encontraram muitas ruínas como templos, edifícios, banheiros públicos, estátuas, esfinges, incluindo aqueles que não eram de seu tempo. A cidade de Pitom (Tell-er-Retabeh - nome atual) foi descoberta e escavada quase 30 anos antes da cidade de Ramessés e era bem menos imponente. Ambas as cidades tinham grandes depósitos para armazenar cereais. Os celeiros eram em formato circular, de mais que 8 metros em diâmetro, com enormes rampas subindo até o topo. Muitas cidades do Egito tinham esses grandes celeiros e depósitos, datando dos tempos em que se calcula ter sido José governante no Egito, quando o país passou por sete anos de abundância de alimento, seguido de sete anos de fome. O Egito foi preparado para servir como "celeiro" do mundo nesta época.

2.2.11- A inscrição Behistun

A inscrição Behistun (Bisitun) de Dário I, Rei da Pérsia (522-486 a.C.) foi descoberta pelo inglês Sir Henry Rawlinson, enquanto ele trabalhava como um conselheiro militar no país da Pérsia (o atual Irã). Nas horas de lazer, explorava a área ao redor. Alguém o informou sobre uma enorme pedra, em uma rota caravaneira de Bagdá, no Iraque e Teerã, no Irã.

Ao investigar, Sir Henry Rawlinson notou caracteres de escrita e gravuras de figuras de reis sobre tronos e pessoas os servindo. Era num lugar de difícil acesso, parcialmente coberto com arbustos, a 35 metros acima do chão. Arriscando sua vida, Rawlinson subiu numa escada precária e conseguiu copiar as inscrições quase na sua integridade, embora não tenha entendido a sua mensagem, pois a inscrição provou, mais tarde, ser não só escrita em um idioma, mas em três idiomas: pérsico, babilônico e elamita. Ele trabalhou primeiro em decifrar o pérsico, depois o babilônico (forma acadiana) que foi mais difícil, mas somente em 1948 d.C. o arqueólogo inglês George C. Cameron conseguiu traduzir pela primeira vez a antiga inscrição no idioma elamita, que é baseado no alfabeto em cuneiforme que consiste em 200 caracteres.

O Rei Dario, depois de ter feito a gravura, tinha mandado destruir todo o caminho ao acesso, deixando as inscrições numa superfície totalmente reta. As gravuras mostram o deus Ahura Mazda representado por um disco com asas de doze figuras em baixo. Mostram o Rei Dario I com seu rival, Gaumata, que queria usurpar o trono da Pérsia, acorrentado com dois servos e nove rebeldes, e as inscrições embaixo declaravam: "Eu, Dario, pela graça de Ahura Mazda (um deus dos Persas), sou rei sobre 23 terras incluindo Babilônia, Sardez, Arábia e Egito. Eu acabei com a rebelião de Gaumata e outros oito" . Esse é o mesmo rei Dario I mencionado em Esdras 6.6,7 que encorajou os judeus a continuar o seu trabalho em reconstruir o templo e forneceu muito material para essa reconstrução. Ele não somente apareceu nos relatos bíblicos, mas o período do seu reinado coincide perfeitamente com os arquivos e anais dos velhos documen tos históricos da Pérsia encontrados em escavações arqueológicas em Ganje Mame, no Irã, perto da cidade moderna de Amadã.

2.2.12- Os tabletes Nuzi

Nuzi é hoje a cidade de Yorgan Tepe, localizada na velha Assíria, atual Iraque. Os documentos encontrados nos arquivos da cidade Horita de Nuzi (datando de cerca de 1500 a.C.) tem fornecido muitas informações das práticas legais e a vida doméstica do período dos patriarcas Isaque e Jacó, e até algumas dos tempos de Abraão. Um dos costumes era um casal sem filhos adotar como filho alguém bem chegado a eles, ou um mordomo da casa que cuidaria deles na sua velhice e, em retribuição, seria eventualmente o seu herdeiro. A lei permitia a revogação de contrato no caso do nascimento de um filho (Gn 15.2-4).

Em Gênesis 31.3, lemos que Raquel, a esposa de Jacó, ao deixar a casa do pai, roubou um "terafin" (pequena imagem doméstica encontrada nas casas dos hebreus) que criam trazer sorte e bênçãos à família. O pai, Labão, ficou desesperado para encontrar essa imagem e trazê-la de volta para seu lar, pois a pessoa que a possuía não seria somente abençoada e próspera, mas também possuiria os direitos de herança da família. Não foi encontrada, pois Raquel tinha escondido a imagen na sela do camelo, e sentado sobre ela.

Quando Jacó roubou a bênção que devia ser dada ao seu irmão Esaú, o primogênito, Isaque não pôde retratá-la, pois, uma vez pronunciada a bênção de herança naquela época, na presença das pessoas da sua casa como testemunhas, não poderia mudá-la (Gn 27.33-38).

Outro costume bastante citado nos tabletes de Muzi era o costume que a primeira filha deveria ser dada em casamento antes das outras mais novas. Assim, Labão, de acordo com a cultura daquele tempo, enganou Jacó e lhe deu a sua filha mais velha, Lia, ao invés de Raquel, a mais nova (Gn 29.23-26).

Os tabletes Nuzi esclarecem muito sobre os costumes dos povos bíblicos desse período.

2.2.13- Os pergaminhos do Mar Morto

Provavelmente não há nenhuma outra descoberta arqueológica dos últimos tempos que tem tanto significado como uma prova cabal da antiguidade e validade do Antigo Testamento como os rolos e pergaminhos encontrados no Wadi Qunran, no ano de 1947 d.C. (o Wadi é um leito seco de um rio que somente enche na época das chuvas). Um pastor beduíno, por mero acidente, descobriu algumas das cavernas escondidas nos rochedos íngremes do Qunran, que levantam acima do chão no deserto da Judeia, ao norte do Mar Morto em

Israel.

O lugar tem seu nome da pequena comunidade local, Khirhet Qunran. Esse povoado consiste de poucos habitantes que vivem entre as ruínas de uma velha colônia, um cemitério e um mosteiro que talvez pertençam à seita judaica dos essênios, um grupo de reclusos religiosos dos tempos de Jesus. Eram membros de uma ordem monástica, ascética, que viviam enclausurados numa comunidade que seguia religiosamente a velha lei mosaica. A seita se autossustentava e se destacava por sua recusa em prestar serviço militar. Escribas da lei também faziam parte do grupo.

Por muito tempo nosso conhecimento sobre a existência e a integridade dos textos bíblicos do Antigo Testamento foi fundamentado sobre o trabalho dos escribas rabínicos, cujos textos no hebraico se comparam a que é conhecido como o texto massorético, que data dos séculos IX e X da nossa era cristã. Havia outras versões das Escrituras (a Septuaginta no grego – século III d.C. e a Vulgata do latim – século IV d.C.), mas sempre a compilação mais completa e aceita foi a do texto massorético do hebraico.

Com a descoberta dos pergaminhos do Mar Morto, temos textos bíblicos no hebraico que antecedem os textos massoréticos em mil anos! Há, ao todo, uns 900 documentos de literatura religiosa, dos quais mais que 400 são manuscritos do Antigo Testamento. O grande pergaminho do livro de Isaías (quase oito metros de comprimento) tem exatamente 66 capítulos, como em nossa Bíblia, e concorda perfeitamente com o nosso texto, sendo idêntico com a Bíblia Hebraica do texto massorético palavra por palavra em mais que 95% do texto. Os outros 5% consistem de variações nas escritas das letras, mas que em nada afetam a sua mensagem. Sendo que os rolos do Mar Morto são datados no ano 200 a.C., e que estendem em data até o ano 68 d.C., há um lapso de tempo de aproximadamente mil anos entre a recordação e escrita dos textos de Qumram e o Texto Massorético. Com a exceção do livro de Ester, todos os outros livros do Antigo Testamento são re- presentados, e alguns deles quase na íntegra.

A comunidade dos essênios deixou de existir aproximadamente em 68 d.C., no tempo da invasão Romana. É geralmente aceito que os líderes e escribas da seita dos Essênios copiaram os antigos textos com extremo cuidado e exatidão, e quando sua comunidade enfrentou invasão e destruição, eles esconderam os pergaminhos dentro de jarros de barro e os colocaram dentro de rachaduras e cavernas dos altos rochedos perto da sua comunidade. Até o presente momento, ainda continua a tradução dos antigos manuscritos do Mar Morto.

2.2.14- As descobertas e documentos de Ebla

Ebla era uma cidade de 260 mil habitantes, localizada no norte da Síria, num lugar chamado Tell Mardikh. Esses documentos datam de aproximadamente 2500 a 1600 a.C. e escritos em algum idioma desconhecido, mas relacionados a outros dialetos semíticos antigos, que permitiram a sua tradução. Tinha menção a Rei Eber (Gn 10.21) e Rei Ehrum.

Esse lugar, hoje conhecido pelo nome Tell-el-Mardikh, foi escavado pelos arqueólogos italianos Pablo Matthaie e Giovanni Pettinato entre os anos 1964-1975. Os arqueólogos encontraram documentos, estátuas e muitos objetos domésticos; uma das grandes estátuas tinha inscrições que identificam o lugar escavado como sendo a cidade de Ebla.

Antigas escritas de Babilônia mencionaram a cidade de Ebla como um centro de comércio e câmbio, mas ninguém sabia de sua localização até 1964. Em 1973, na continuação das escavações, cômodos de um majestoso palácio foram desenterrados e foram encontrados os arquivos com documentos, que mencionam os nomes das localidades da Bíblia, e, mais importante, muitos nomes de personagens bíblicos. Lugares como Urushalin (Jerusalém), Gaza, Laqins, Jope, Megiddo, Sodoma e Gomorra, Zoar, etc. E nomes como El (Elohim) – Yan (Yaweh), Abraão, Esaú, Saul, Miguel, Davé, Israel e Ismael, entre outros. A descoberta da cidade de Ebla é considerada uma das mais importantes dos últimos tempos. Ainda há milhares de tabletes que não foram decifrados, mas, a cada nova tradução, descobre-se mais sobre o mundo do Antigo Testamento, no período dos tempos dos patriarcas.

2.2.15- A Pedra Moabita

Encontrada no ano de 1868, em Dibon, Moabe, 30 Km ao leste do Mar Morto. Dedicada ao deus Quemós (o equivalente a Moloque, o deus amonita) relata a história da Guerra de Israel com o rei de Moabe, Mesa, em mais ou menos 850 a.C., que corresponde com os registros bíblicos sobre essa guerra (II Rs 3.4ss). Na Pedra Moabita, o rei Mesa conta que naturalmente venceu os israelitas, capturando quatro das suas cidades na Transjordânia e dedicando os espólios ao deus Quemos, e sacrificando em rituais pagãos as mulheres e mocinhas cativas à deusa Astarote.

Várias outras descobertas arqueológicas também confirmam a história bíblica:

- o documento de Damasco achado em Cairo, no Egito.
- os manuscritos hebraicos achados no Cairo, Egito.
- os tabletes de Mari, encontrados na área do Rio Eufrates- Tell-Hariri.

- as descobertas assiriológicas, datando de 1950 a.C.
- o material Ugarítico, achado no norte da Síria, que data de 1300 a.C.,

e muitos outros.

Todos têm grande valor em comprovar datas e períodos históricos do Antigo Testamento.

Questão para Reflexão

De que forma você apresentaria as descobertas citadas neste capítulo: Que elas confirmam a autoridade bíblica? Ou que elas não confirmam com a autoridade bíblica?

CAPÍTULO 3

A Integridade Bíblica – Provas Internas

A Palavra de Deus não precisa que nenhum ser humano defenda sua autoridade e a sua inspiração divina, pois ela mesma, através de seu conteúdo, comprova sua própria veracidade. A Bíblia não somente apresenta doutrinas corretas e racionais, mas também as ilustra repetidamente na vida e comportamento geral dos personagens dentro das suas páginas, não excluindo relatar a impiedade e os pecados dos que desobedeceram a seus ensinamentos.

Deus é um ser justo, correto e imparcial em seu tratamento com o homem (Dt. 10.17; At 10.34; Gl 2.06; Tg 1.17). O que é certo é certo e é louvado. O que é errado é declarado ser errado e é condenado.

Deus criou o homem com a consciência do que é bom e do que é mal, e deu-lhe o direito de escolher agir conforme um ou outro. Mas, em seu grande amor e cuidado por Sua criação, deixou um "manual" detalhado de instruções que vem diretamente de sua pura e imutável mente. Deus estabeleceu os preceitos da Bíblia desde a eternidade (Sl 119.89).

As Sagradas Escrituras são assim chamadas porque têm origem na mente de um Santo e Onipotente Deus que nunca muda em seu caráter (Tg. 1.17) nem em suas palavras (Mt 24.35). Seus preceitos não foram escritos exatamente de acordo com o desenrolar dos aconteci mentos, mas já eram conhecidos e determinados por Deus Onisciente de antemão na eternidade (Sl 119.89).

As provas que apresentamos aqui tratam do seu texto e dos ensinamentos da Bíblia, que são evidências sólidas da sua veracidade. Consideremos que as suas doutrinas são profundas e racionais, e que passam no teste de princípios puros, éticos e lógicos.

3.1- A Doutrina de Deus

Ninguém admite honrar e seguir um Deus que não é Justo e Santo. O Deus da Bíblia não somente tem esses atributos, mas Ele é identificado nas Escrituras por esses nomes porque Ele os personifica (Sl 50.6; I Cr 16.10).

Ele é um Deus pessoal que ama e cuida da sua criação. Não há nenhuma outra das grandes religiões que possua um Deus que mantém comunhão com sua criação e que mostre seu amor e misericórdia para com ela de tantas maneiras constantemente.

Ele é um Deus correto e ético em toda sua maneira de lidar com os homens (Gn 18.25). Ele julga com retidão (Sl 9.8). Ele não tem "favoritos" (Rm 2.11). Ele manda a chuva sobre o justo e o injusto (Mt 5.45). Ele é um Deus Onipotente, Onisciente e Onipresente. Ele é Todo- Poderoso (Ef 3.14,20), conhece tudo de nós, passado, presente e futuro, até nosso levantar e deitar (Sl 139.2,3). Nada neste mundo é escondido dos seus olhos, Ele vê tudo e todos (Sl 11.4; Pv 15.3). Ele claramente declara ser o único Deus, e não existe outro como Ele (Dt 6.4; Is 44.6).

3.2- A Doutrina do Homem

A Bíblia declara que o homem foi criado à imagem de Deus. Entendemos isso não ser a imagem física, pois Deus é espírito (Jo 4.24), porém na faculdade da razão. Deus deu ao homem o domínio sobre todos os animais, deu-lhe o raciocínio, a inteligência, a habilidade de avaliar, deu-lhe sentimentos e personalidade. Tudo isso possibilita ao ser humano viver em comunhão com o seu criador, e coloca-o muito acima dos animais de ordem inferior. O homem tem a capacidade de escolher o bem e o mal. Ele é um ser moral e espiritual, não é um ser mecânico; ele pode ter comunhão com Deus. As páginas da Bíblia estão cheias dos relatos sobre Deus e Seu falar e tratar com os homens. Nenhum outro livro de outras religiões coloca o homem numa posição tão elevada como a Bíblia.

3.3- A Doutrina de Salvação

A Bíblia relata que o homem foi criado com livre-arbítrio, podendo escolher o bem ou o mal. O primeiro homem, Adão, escolheu o mal, desobedeceu a Deus e comeu, junto com sua esposa Eva, do fruto de uma árvore no jardim do Éden, da qual Deus tinha expressamente proibido de comer.

Por essa desobediência, entrou o pecado no mundo e suas consequências: separação de Deus e a transmissão do pecado e a morte sobre toda a humanidade.

Porém, Deus amava Sua criação de tal maneira que, imediatamente, inaugurou o plano de resgate, de salvação, instituindo um meio pelo qual o homem podia voltar e reconciliar-se com Deus, seu criador. Esse plano constituiu-se de leis e ordenanças no Velho Testamento que os homens deveriam seguir, mas chegou ao cumprimento final no Novo Testamento, quando o Filho de Deus, Jesus Cristo, veio ao mundo para morrer pelos pecados de toda humanidade (Jo 3.16) e restaurar a comunhão entre Deus e os homens. O Amor de Deus e a graça e misericórdia de Jesus Cristo trouxeram a salvação para todos que creem NELE.

3.4- A Doutrina do Pecado

A Santidade e perfeita justiça de Deus não permitem que o homem transgrida as leis que Ele estabeleceu na Bíblia, Deus é Santo, e a sua santidade demanda castigo ao homem que desobedeceu a Sua palavra. Nações e povos inteiros foram punidos, e às vezes totalmente destruídos devido às suas práticas más e sua desobediência às leis de Deus. Mas Deus é muito misericordioso e muitas vezes perdoava com amor, quando ele via verdadeiro arrependimento por parte do povo (Sl 103.10; 79.8.9; Nm. 14.18 a).

Seus ensinamentos são claros e conscientes. A justiça é sempre louvada e recompensada, e o pecado é condenado. Seus ensinos são explícitos, simples e sábios, e cobre todas as áreas da vida do ser humano. A Bíblia declara a solução para os problemas e tentações que assolam a humanida- de (I Co 10.13; Sl 91; Sl 121) e oferece consolo nas horas de angústia e aflições (Sl 33.3-6; 18.6; 50.15; Rm 8.18,31-39; II Co 4.17).

3.5- A Preservação e a Integridade da Bíblia

Embora a Bíblia tenha mais de quarenta diferentes autores escrevendo sob a inspiração divina, em diferentes épocas e lugares, cobrindo um período de 1500 anos, nós temos hoje, em essência, a sua integridade. Sua preservação através dos séculos é uma das mais fortes provas da sua divina autoridade. O Velho Testamento foi preservado pelos escribas, que cuidaram sobremaneira da cópia de cada letra, sílaba, palavra e parágrafo para a fiel transmissão do texto.

E o Novo Testamento? Há mais de 5.686 conhecidos manuscritos no Grego do Novo Testamento, e mais de 10.000 da Vulgata Latina, além de mais de 9.300 versões mais antigas. Há, atualmente, mais de 25.00 manuscritos inteiros e cópias de porções do Novo Testamento. De todas as obras literárias antigas de grande porte, a única que tem chegado a nós intacta e fiel em todos os seus manuscritos, e sem variação em seus ensinos e doutrinas, é a Bíblia Sagrada.

3.6- Milagres na Bíblia

Nenhum outro livro no mundo conta detalhes sobre milagres feitos pelos seus líderes como a Bíblia. Jesus operou grandes milagres, mostrando seu completo poder e controle sobre a natureza (Mt 8.23-27; Lc 5.1-7; Jo 6.16-21); e as enfermidades (Mt 8.16; Mc 2.1-12; Lc 7.1-10); seu domínio sobre a morte (Mc 5.35-42; Lc 7.11-17; Jo 11.32-44) e seu poder sobre Satanás e os espíritos malignos (Mt 8.28-34; Mc 7.24-30; 9.14-29).

Milagre é um efeito na natureza que não pode ser atribuído a qualquer dos poderes ou operação reconhecida da natureza. É um ato sobrenatural, algo fenomenal que manifesta um poder superior operando sobre as forças comuns da natureza.

Os milagres não violam a lei natural, somente interrompem ou suspendem a operação da lei natural. É claro que somente o Criador das leis naturais poderia interrompê-las ou suspendê-las. É fato que o homem pode suspender a lei natural de alguma maneira limitada (ex. uma bala lançada ao ar, e depois apanhada e segurada na mão, interrompe a lei natural da gravitação), mas Deus, na Bíblia, suspende as leis da natureza de uma maneira impossível aos homens: fazer machado boiar (II Rs 6.5-7); tornar a água em vinho (Jo 2.1-21); fazer uma moeda aparecer na boca de um peixe (Mt 17.25-27); descer fogo do céu e consumir o sacrifício (I Rs 18.34,35,38).

3.6.1- A veracidade dos Milagres

Milagres descansam a sua veracidade sobre testemunho. Os milagres contados nas Escrituras tiveram uma multidão de testemunhas. Muitas das testemunhas oculares, entre as multidões que seguiram a Jesus eram inimigas e não creram nEle. Teriam gostado de negar a realidade dos milagres, mas não podiam negar que algo sobrenatural estava acontecendo. Vejamos: Jo 9, a cura do cego de nascença; Mt 14.14-21, a alimentação das cinco mil pessoas com somente dois peixes e cinco pães; Mc 10.46-52, a cura do cego de Jericó; Mc 2.2-12, a cura do paralítico; Lc 5.1-9, a milagrosa pesca; Lc 7.11-15, a restauração à vida do filho morto da viúva de Naim. Todos esses milagres foram assistidos e vistos pelas multidões.

O maior milagre que a Bíblia recorda é o fato da ressurreição de Jesus Cristo, no terceiro dia depois da sua morte na cruz do calvário. Muitos céticos têm procurado negar esse milagre, com várias teorias: alguns alegam que Cristo só desmaiou e foi sepultado num estado in consciente. Respondemos: como poderia

Ele sobreviver no túmulo, com o corpo e a cabeça embrulhados, fechados em metros e metros de panos saturados com especiarias sufocantes? Outros dizem que os apóstolos sequestraram o corpo de Jesus. Respondemos: E o que eles fariam com um defunto? Como escondê-lo? E como é que a grande escolta de guardas não os teria impedido? Ainda há outros que apresentam teorias afirmando que a ressurreição era somente um mito; outras que Jesus só apareceu depois em visões (vede Lc 24.36-46). Porém, é um fato irrefutável que Jesus literalmente ressuscitou da morte no 3º dia depois da Sua crucificação! Ele apareceu em corpo a Maria Madalena (Jo 20.11ss); andou com dois discípulos no caminho de Emaus (Lc 24.13-35); reuniu-se com os apóstolos (Lc 24.36-49); fez-se presente na Galileia, numa montanha, onde apareceu aos apóstolos e a 500 pessoas (I Co 15.6); apareceu ao apóstolo Paulo na estrada para Damasco (At 9.3-6, I Co 15.8), e apareceu muitas outras vezes, incluindo a Estevão At 7.55; ao apóstolo João, na ilha de Patmos (Ap 1.9-20); para Tiago, em Jerusalém (I Co 15.7); ao apóstolo Paulo, no templo (At 22.18); ao apóstolo Tomé (Jo 20.24-29).

Há evidências irrefutáveis da ressurreição de Jesus: o túmulo vazio que nem seus inimigos podiam explicar; o Pentecostes. com a descida do Espírito Santo que Jesus prometeu (Jo 14.16,17; 15.26; 16.7-13; At 1.5,8; 2.1ss). A milagrosa transformação na vida dos apóstolos. Eles, no livro de Atos dos Apóstolos, tornaram-se ousados pregadores, dispostos a sofrer e morrer, deixar tudo para pregar a mensagem de salvação em Jesus. Pergunto: será que alguém estaria disposto a sofrer e morrer para defender e propagar uma mentira, um engano? E o que poderia ter totalmente mudado na vida do erudito Saulo, perseguidor de Jesus, para transformá-lo no grande apóstolo Paulo? Uma visão imaginária, uma lenda, uma fábula? Não! Somente um verdadeiro encontro com o Cristo ressuscitado poderia ter efetuado essa transformação (At 9)!

Portanto, o Cristianismo aceita a Bíblia como a Palavra de Deus, pois preenche todos os requisitos necessários, demonstrando que ela procede de uma mente divina e Onisciente, e cujos ensinos respondem às perguntas dos homens.

Questão para Reflexão

Quais os motivos que levam o ser humano a hesitar em aceitar a palavra de Deus, com todas as suas características, como verdade e guia para sua vida?

CAPÍTULO 4

Profecia: Respostas do Cristianismo aos Críticos da Bíblia

Os cristãos acreditam que somente Deus pode ver o futuro e muitas vezes é o desejo de Deus revelar fatos futuros ao homem. Para isso, Deus usava e ainda usa até hoje homens que recebem as suas revelações e as transmitem de forma oral e/ou escrita. A crença de que Deus fala aos homens sobre fatos vindouros está fundamentada em muitos textos da Bíblia. Neste capítulo, para entendermos a importância das profecias, verificaremos que muitas profecias bíblicas estão no passado e já são tomadas como cumpridas. Nenhuma profecia da Bíblia falhou, mas existem algumas que ainda estão por se realizar.

4.1- Definição da palavra profecia

A palavra profecia no grego: *Prophetes*- pro: antes, e pheni: falar, proclamar. No hebraico: *Rô 'eh*: predizer e *Naâbe-hôzech*: declarar. Moisés foi o primeiro dos profetas por ofício. As profecias do Antigo Testamento dividem-se em três grupos:

1) Concernente ao destino nacional e interno de Israel,
2) Profecias messiânicas
3) Profecias escatológicas.

4.2- Profecia como evidência

A posição da profecia como evidência da verdade e integridade do Cristianismo Ortodoxo é importante pelas seguintes razões. Apela ao raciocínio de pessoas não regeneradas. Quando uma profecia divina se cumpre, não é preciso de entendimento espiritual para reconhecer tal fato. A Bíblia descansa a sua alegação de veracidade e autoridade sobre a profecia cumprida (Dt 18.21,22; Is 41.21-23; Jr 28.9; II Pe 1.19-21; Jo 14.29). Podemos observar que há três classificações para as profecias

1) Profecias já cumpridas (tais como o exílio e profecias messiânicas - Isaías, Miqueias, Oseias e Amós),

2) Profecias no processo de cumprimento (como a restauração do Israel Moderno – Jr 31.31; Is 27.1-13; Ez 37.21)

3) Profecias ainda não cumpridas: restauração total da Palestina por todas as tribos de Israel (Ez 37.11-14; Jr 31.1-5), destruição de todos os inimigos de Israel (Jr 30.11; Is 17.1-3; Ez. 38 e 39), conversão coletiva de Israel (Ez 37.6b-10; Zc 14.14; 12.10), estabelecimento do Reino de Deus na Terra (Is 2.1-5; 11.1-10; 65.19-25; Ez.47.13).

4.3- A Bíblia e as suas profecias

A profecia é um milagre de expressão. É uma predição feita sobre eventos futuros, sejam esses imediatos ou distantes, acontecimentos que estão além da sagacidade humana a calcular ou inventar. Uma terça parte da Bíblia possui caráter profético.

Nenhum outro livro religioso que alega para si inspiração divina contém profecias verdadeiras. É necessária uma mente Onisciente para predizer eventos de muitos anos, até séculos antes do seu cumprimento, fiel e exato; também é preciso poder divino (Onipotência) para predizer o futuro.

Consideremos algumas das profecias da Bíblia e seu cumprimento:

Profecia Dada		**Seu Cumprimento**	
Livro	**Ano**	**Livro**	**Ano**
Js 6.26	Profetizado em aprox. 1400 a.C.	I Rs 16.34	820 a.C.
I Rs 13. 2,3	Profetizado em aprox. 975 a.C.	II Reis 23. 16,17	624 a.C.
I Sm. 2.34	Profetizado em aprox. 1165 a.C.	I Sm 4.17	24 anos depois
Is. 40.3	Profetizado em aprox. 700 a.C.	Jo 1.23	26,27 d.C.
Is. 9.2	Profetizado em aprox. 740 a.C.	Lc. 2.31-32	4 a.C.
Nm. 24.17	Profetizado em aprox. 1450 a.C.	Mt. 2	4 a.C.
Mq. 5.2	Profetizado em aprox. 710 a.C.	Lc. 2.4	5 d.C.
Jl 2.28	Profetizado em aprox. 800 a.C.	At. 2	33 d.C.
Zc 13.7	Profetizado em aprox. 487 a.C.	Mt. 26.31	33 d.C.
Is. 61.1,2	Profetizado em aprox. 698 a.C.	Lc. 4.18-21	31 d.C.

Essas são somente uma pequena fração das profecias e seus cumprimentos. Há mais de 140 profecias sobre o nascimento, vida e ministério de Jesus, o Messias! As que não se cumpriram, tratam dos eventos futuros, quando Cristo voltará pela segunda vez, para julgar os ímpios e satanás, estabelecendo, finalmente, seu reinado.

4.4- O caráter da profecia

A profecia apela aos sensos físicos, é sempre crescente e cumulativa em efeito, seu elemento predizível é vital, sua abrangência é universal, pois todo o mundo pode conhecê-la, sendo específica, até às vezes bem detalhada e completa, no seu cumprimento. As profecias manifestam e declararam as revelações divinas e seu propósito é justificar ou sustentar a palavra e o proceder do mensageiro de Deus (Êx 8.19; Jr 28.9).

4.5- Leis da Profecia

A profecia é uma predição profética que está para além do poder de previsão humana; deve contar a suficiência de detalhes que excluem qualquer conjectura ou trabalho feito por adivinhação, um espaço de tempo suficiente tem que passar (decorrer) entre a predição e seu cumprimento, para excluir qualquer possibilidade de que o profeta ou seus contemporâneos possam conseguir o seu cumprimento de uma maneira ou outra. Uma predição simples, com um só ponto de vital importância, tem mais esperança de cumprimento. A lei segue o princípio: cada ponto ou aspecto adicionado à profecia faz a probabilidade ser menor – e se errar em um só ponto, toda a profecia é suspeita.

4.6- O cumprimento das profecias do Antigo Testamento

Ao redor da Palestina havia muitos povos pagãos, tais como os Moabitas, Edomitas, Amonitas, e também muitas nações e cidades pagãs, como Tiro, Síria, Assíria, Egito etc. As profecias concernentes a elas são numerosas e muito detalhadas. As seguintes informações mostram alguns dos cumprimentos marcantes.

4.6.1- Tiro (Ez.26.1-14)

Essa profecia foi dita no ano 595 a.C. Os primeiros versículos do capítulo nos dão uma declaração geral da destruição futura da cidade. Vs. 7-11 tratam em particular do estado de sítio de Nabucodonozor contra Tiro por 13 (treze) longos anos (587-574 a.C.). A cidade resistiu a todas as tentativas do rei para tomá-la, mas finalmente por causa da fome, os habitantes foram forçados a submeter-se. Essa resistência teimosa tanto enfureceu Nabucodonosor que, ao conquistá-la, ele destruiu a cidade, deixando-a em ruínas. O v. 12, entretanto, não se cumpriu até 240 anos depois, quando Alexandre, o Grande, pediu permissão aos ex-habitantes de Tiro (que se haviam transferido para uma ilha-fortaleza no Mar Mediterrâneo) para entrar na sua cidade. Não lhe foi dada essa permissão porque os habitantes de Tiro bem sabiam que caso ele entrasse na cidade, eles seriam destinados à destruição em cativeiro.

Quando Alexandre, o Grande, encontrou a ilha-fortaleza, que resistiu fortemente à captura, a cidade foi tomada pelos exércitos (batalhões) de Alexandre literalmente raspando (como foi declarado na profecia) as pedras, madeiras e poeira das velhas ruínas ao Mar Mediterrâneo, fazendo assim passadiço sobre o qual Alexandre marchou e capturou a cidade. Os vs. 13 e 14 têm sido cumpridos no fato de que a cidade de Tiro nunca foi reconstruída, e as glórias daquele centro comercial, outrora tão populoso e industrial, têm sido arrastadas ao pó.

4.6.2- Sidon (Ez 28.20-24)

O destino de Sidon, a "mãe de Tiro", foi descrito diferentemente pelo profeta. Disse ele que essa cidade ia passar por muita tristeza; seria enviada contra ela a peste e o sangue iria correr em suas ruas. Essa tem sido verdadeiramente a história de Sidon, que repetidamente tem sido capturada e sujeita a ataques de todos os lados, mas a cidade, de acordo com as palavras do profeta, nunca foi totalmente destruída, e hoje possui uma população de mais de 10.000 habitantes. Pensemos que desastre seria para a palavra profética se o profeta tivesse cometido qualquer erro em designar o destino dessa cidade.

4.6.3- Egito (Ez 29 e 30; Is 19)

Existem ao menos 14 detalhes distintos nas profecias concernentes ao Egito, os quais têm sido de uma maneira marcante. Aqui duas cidades em particular - Mênfis e Tafnes - tinham profecias feitas contra elas, e, durante os séculos, exércitos pagãos têm cumprido exatamente as palavras dessas profecias. Profetizaram que a decadência gradual viria sobre a nação do Egito e ela se tornaria a menor dos reinos, mas ainda continuaria a existir. Há 2.500 anos essa profecia tem se cumprido em todos os sentidos.

Nenhum príncipe egípcio tem reinado sobre a sua terra, mas seus chefes têm sido maus e todos estrangeiros. O país tem sido desolado. Seus rios e canais já secaram, as suas plantas morreram, suas pescarias e outras indústrias têm sofrido. Suas cidades estão no meio das cidades devastadas e os países ao redor delas têm sofrido decadência. O país do Egito passou por momentos de glória e pompa, hoje está entre os países mais pobres do mundo.

4.6.4- Babilônia (Is 44.27,28; 45.1.2...)

O profeta indica pelo nome, (150 anos antes do seu nascimento) Ciro, rei da Pérsia, o conquistador da Babilônia. Além disso, o profeta prediz a maneira exata pela qual Ciro iria capturar a cidade: *"Digo as profundezas das águas: seca-te e eu secarei teus rios; ... abrirei diante dele os portões de duas folhas, e os portões não serão fechados".* A história recorda o cumprimento exato dessa profecia. Na noite em que Ciro tomou a cidade, desviou as águas do rio para um canal, secando-lhe o leito e cobrindo os portões do rio que davam passagem à cidade, os quais nunca mais foram fechados. Em Isaías 13.19-22, achamos uma predição concernente à destruição e desolação da Babilônia que descreve exatamente a sua condição hoje.

4.7- Profecias Messiânica e o seu cumprimento

No grande número das profecias concernentes ao Messias, as que predizem os seus sofrimentos bastam para mostrar seu maravilhoso cumprimento em Jesus.

Profecia	Cumprimento	Época da Profecia
Humilde - Zc.09.09	Jo 12.13,14	520 a.C.
Vendido por 30 moedas – Zc. 11.12,13	Mt.26.15	520 a.C.
Desfigurado, maltratado – Is. 52.14	Mt.26.67,68	745 a.C.
Moído – Is. 53.05	Mt.27.27-30	745 a.C.
Ferido – Gn. 03.15	Mt.27.27-48	1450 a.C.
Traspassado na morte – Zc. 12.10	Jo. 19.37	520 a.C.
Sepultado com o rico – Is. 53.08,09	Mt.27.57-60	745 a.C.
Suas vestes repartidas na crucificação – Sl. 22.18	Mc. 15.24	1000 a.C.
Sua crucificação entre os malfeitores – Is.53.12	Mt.27.38	745 a.C.
Diante de Caifás – Is.53.07	Mt.26.62,63	745 a.C.
Traído por Judas – Sl.41.09	Mc. 14.10	1000 a.C.
Rejeitado pelo seu povo – Sl. 118.22,23	Mt.21.42	1000 a.C.

Questão para reflexão

As profecias são uma predição feita sobre eventos futuros, sejam essas imediatas ou distantes. Através do cumprimento delas, podem os críticos da Bíblia acreditar nas Sagradas Escrituras?

OS FUNDAMENTOS TEOLÓGICOS DA FÉ CRISTÃ

O evangelho bíblico é singular, sublime, excelso, de tal modo, que é muito além do que a mente humana pode dimensionar. O evangelho é, fundamentalmente, a doutrina cristã. A doutrina cristã é o evangelho. Isto nos leva a consciência de uma responsabilidade. Por conseguinte, sendo o evangelho a pregação da verdade, é a pregação da própria Pessoa do Senhor Jesus Cristo e da Palavra de Deus, por isso precisamos compreender os fundamento teológicos da fé cristã para que possamos conhecer o evangelho de uma forma plena, e responder as questões que desafiam a fé cristã.

Nesta unidade, estudaremos os fundamentos da teologia cristã. Diante disso, no primeiro capítulo falaremos da existência de Deus; no segundo, enfatizaremos o criacionismo bíblico; no terceiro, analisaremos a realidade do pecado e da salvação; no quarto, também discutiremos a divindade de Jesus Cristo; e, por fim, no quinto capítulo, apresentaremos orientações importantes para os cristãos sobre a vida eterna.

CAPÍTULO 1

A Existência de Deus

A Bíblia, em nenhum lugar, tenta provar a existência de Deus. Porém, as Escrituras Sagradas mostram repetidamente as evidências irrefutáveis da sua existência. Nos primeiros versículos da Bíblia, sem apologia, sem explicações ou detalhes, lemos a enfática, mas simples declaração: " No princípio Deus criou os céus e a terra" (Gn 1.1). O mundo secular procura negar existência de Deus como Criador do Universo.

Há aqueles que acham desnecessário numa obra como essa, abordar um tema como a existência de Deus, mas, nos dias atuais, com tantos ensinos e opiniões que negam, ou questionam sua existência, até às vezes dizendo "que Ele morreu", torna-se relevante e até necessária a apresentação de provas indiscutíveis, que refutam os argumentos dos opositores da Fé Cristã.

Talvez no passado não fosse tão necessário apresentar provas da sua divina existência; às vezes, somente exigindo uma vindicação de seu caráter e seu relacionamento com os homens. Mas, hoje, com pontos de vista modernistas, ateístas e humanistas, nenhum livro apologético, tratando da defesa da fé cristã, pode deixar de apresentar o assunto, pois todos os ataques a Deus e a Jesus Cristo têm a finalidade de minar a crença na Bíblia Sagrada, que resultará, eventualmente, na destruição do verdadeiro Cristianismo.

Vamos examinar aqui algumas das provas para a existência de Deus.

1.1- O caráter de Deus

O caráter exaltado de Deus atribuído a Ele nas Escrituras é expresso em absolutos, tais como:

Ele é eterno – sem começo e sem fim (Is 43.10; 44.6; 46.9,10; Sl 90.2; Ap 1.8).

Ele não muda – é sempre o mesmo (Tg 1.17; Hb 13.8; Sl 119.89). Ele não mente e nem pode mentir (Nm 23.19; Hb 6.18; Tt 1.2). Ele não pode se contradizer (Nm 23.19; 2 Tm 2.13).

Ele não pode pecar (Hb 4.15; 2Co 5.21; 1Pe 2.22; 1Jo 3.5). Ele não pode falhar (Mt 24.35; Is 51.6; Js 21.45).

Ele não pode praticar a injustiça (Gn 18.25; Dt 32.4; Sl 7.9,11; Jó 37.23).

Ele é totalmente imparcial (At 10.34; Tg 3.17; Rm 10.12; Gl 3.25). Todas essas qualidades vão além das filosofias dos seres humanos, ou das demais religiões e seus fundadores e líderes, elas constituem uma das fortes provas do caráter divino de nosso Deus. Outras atribuições que a Bíblia dá a Deus: puro (Sl 19.8); santo (Lv 11.44; Sl 99.5,9; 1Pe 15,16); ético e correto (Sl 50.6; Os 14.9); absoluto e perfeito em todos os seus atos e caminhos (Sl 19.7; 2 Sm 22.31); sempre fiel (Sl 19.7; 2 Tm 2.13); justo (Sl 9.16; 145.7; Dt 32.4); bom (Sl 25.8; 33.5; 51.1; Zc 9.17; Na 1.7; Sl 100.5; 103.1ss).

Nenhum dos outros deuses das religiões na terra ousa declarar possuir todas essas qualidades e atributos. E ainda mais: Ele é Soberano sobre o Céu e a Terra (Jó 12.9,10; 37.5-13); O Criador de tudo – Onisciente, Onipotente e Onipresente (Gênesis 1 - 2 - capítulos inteiros; Jó 38, 39 e 41 – capítulos inteiros; Sl 74.12-17; Is 43.10-13; 45.21-23); Ele é Eterno (Is 43.10; 46.4,9,10; Hb 1.10-12, Dt 33.27; Sl 90.2). Sua Palavra é eterna (Sl 119.89; Mt 24.35; I Pe 1.25).

1.2- Testemunho da sua existência

Há muito testemunho incontestável no mundo físico, e também no ser humano, que aponta para um Criador sobrenatural. Estes testemunhos evidenciam uma inteligência que os seres humanos não possuem. O fato é que a criatividade de Deus supera qualquer imaginação humana.

Vejamos alguns argumentos que comprovam a transcendência da sua mente.

1.2.1- Argumento cosmológico

O grande universo espacial por cima de nós, com todos os corpos celestiais em perfeita ordem, cada um cumprindo a sua órbita, funcio- nando em harmonia um com o outro, sustentados em seu lugar por uma mão que os controla e que chama todas elas pelo nome (Is 40.26; Hb 1.10-12).

Há mais de oitenta versículos bíblicos que se referem a Deus como o Criador do mundo e de todas as coisas. Ele fez os mares, rios e montanhas da terra (Gn 1.1; Sl 19.1; 24.1; 89.11,12;104). São todos sob seu controle, e ele os usa para falar aos homens, muitas vezes, como um alerta sobre sua presença na terra. O clima está nas mãos de Deus (Sl 89.9; Sl 104; 147.15-18; Na 1.3-5; Jó 37.5.6,9-13,15-17; Mt 8.23-27).

As mudanças climáticas radicais acontecendo neste tempo avisam que Deus está falando ao mundo.

1.2.2- O argumento teleológico

O argumento teleológico para a existência de um Criador divino é abrangente. A teleologia estuda as evidências dos desígnios ou propósitos aparentes na natureza. A beleza e sublimidade da criação de Deus em toda a natureza ao nosso redor são trabalhos de um artista.

As cores mais suaves à vista do homem, e que não atacam o sistema nervoso do ser humano, são as cores verde e azul. O mundo é um grande jardim verde com sua grama, plantas, arbustos e árvores de vários matizes de verde, e os céus, com suas cores suaves de vários matizes de azul, belos a contemplar. Imaginemos uma natureza vermelha e um céu amarelo!

A beleza estética da natureza exigia uma mão artística e uma mente sobrenatural para compreender os efeitos da sua pintura sobre a psicologia e sistema nervoso humano. As estações do ano, com as suas mudanças previsíveis, sempre ocorrem. A neve que cai nas regiões frias do mundo, devido à sua distância do Equador (estabelecida por Deus), as chuvas, as mudanças nas árvores e sua folhagem, o desabrochar das flores, cada ano a seu tempo, mostram o cuidado geral que um soberano Deus exerce sobre a natureza.

A constância e ordem que vemos em nosso mundo físico não podia ser um produto do mero acaso, ou de uma forma de evolução orgânica ou botânica, que, dentro das suas regras, requereria constantes mudanças e consequências imprevisíveis.

1.2.3- O argumento moral

Os seres humanos são criados com uma consciência moral, isto é, a habilidade de distinguir o certo e o errado. Ele foi criado por Deus com livre- arbítrio; apesar de viver num mundo que apresenta as mais diversas pressões e escolhas, ele é um livre agente moral que pode escolher o bom ou o mal.

A moralidade somente existe em seres racionais, pessoas, e nunca em animais de ordem inferior. De onde vem esse senso, essa consciência do certo e errado? Quem colocou essa percepção racional dentro do homem? A Bíblia nos ensina que Deus existe e que Ele é toda a fonte de verdade e de retidão moral, atributos de um Deus imutável que sempre age dentro do seu caráter ético e moral. Ele criou o homem à sua semelhança (Gn 1.26,27), não fisicamente, pois Deus é espírito (Jo 4.24), mas em inteligência, funções mentais e poder de raciocínio, o poder de pensar e analisar seus caminhos, de discernir o que é o bom e o que é o mal, e foi-lhe permitido fazer as suas próprias escolhas.

A Bíblia nos ensina que Deus, na sua bondade e amor por sua cria- ção, opera sobre nosso querer para fazer o que está certo e dentro da sua vontade. Porém, sempre a escolha final está com o ser humano (Fp 2.12,13).

1.2.4- O argumento ontológico

Esse argumento trata do estudo científico de um ser quanto à sua existência, seu viver e agir. É um fato que o conceito humano sobre um deus requer que ele seja perfeito e absoluto em todas as suas virtudes e suas ações. Necessariamente, esse deus tem de ser transcendente, um ser perfeito, em tudo superior aos homens, que são todos imperfeitos, com diversos tipos de falhas.

Embora seja transcendente a Sua criação, Deus é um Deus pessoal que ama e cuida da sua criação, cujos olhos acompanham todos na terra, e cuja presença é constante (Sl 139). Se lermos, sobre outras religiões, seus deuses, fundadores e líderes, sempre encontraremos imperfeições no seu caráter e indiferença aos problemas que o ser humano passa. Nenhum deles é Onipresente, Onisciente ou Onipotente. Nosso Deus, Criador de tudo, tem todos esses atributos.

Nenhum deus das grandes religiões universais pode ser comparado ao Deus da Bíblia, em seu caráter, natureza, atributos, atos e absolutos. A Bíblia representa Deus como o único Ser perfeito em seu caráter e em todos os seus caminhos.

1.2.5- Na sua revelação ao mundo na pessoa de Jesus Cristo, seu Filho

Deus revelou-se aos homens não somente na criação deste mundo, mas, muito especialmente, na pessoa de seu Filho, Jesus Cristo. No Evangelho de João, lemos que *"Jesus veio ao mundo e nos revelou a glória, a graça e verdade de Deus Pai"* (1.14); mais adiante aprendemos que *"Ninguém viu a Deus, mas o Deus unigênito* (Jesus, conforme Jo 3.16), *que está ao lado do Pai, é quem o revelou"* (1.18).

Desde a fundação do mundo, o plano de Deus para redenção dos seres humanos, pelo sacrifício expiatório de Jesus no Calvário, já foi preparado (Ap

13.8). Deus nunca abandonou a sua criação. Desde o Jardim do Éden, quando Ele andou e falou com Adão e Eva, Ele tem-se feito presente na vida e atividade dos homens, tais como Noé, Abraão, Moisés, José, Davi, Elias e Eliseu, e os profetas como Isaías, Jeremias, Ezequiel, Daniel e muitos outros profetas da Bíblia. Sempre falou ao povo do A.T. através deles.

Vemos a sua aproximação aos homens no N.T., mandando à terra seu Filho Jesus, para habitar fisicamente entre os homens, e em seu grande amor pela sua criação, oferecendo-o como perfeito sacrifício pelos pecados do mundo todo.

Quando Jesus voltou ao céu, Ele mandou o Espírito Santo para viver dentro de nós a instruir-nos em todos os ensinos de Cristo para que vivamos em santidade, encorajando-nos, consolando-nos, guiando-nos e preparando-nos para viver em Deus. Vimos a constante presença e amor de nosso Deus, no seu falar e ensinar os homens, através dos profetas, em mandar Jesus Cristo para viver como um ser humano, com um objetivo tão sublime, que foi o de entregar sua vida em resgate dos perdidos.

1.2.6- Na sua Palavra, a Bíblia Sagrada

Os preceitos sensatos, os ensinos éticos e puros, a sabedoria sobrenatural e a justiça santa de Deus encontrados nas páginas da Bíblia recomendam altamente o seu Autor. Não há assunto pertinente à vida do homem que não é tratado nesse livro tão abrangente e maravilhoso em seu conteúdo.

O que conhecemos de Deus e seus planos para a humanidade fora da Bíblia? O que conhecemos dos seus ensinos, seus juízos, e o que Ele requer de nós, a sua criação? Os temas importantes como a salvação eterna em seu filho Jesus Cristo, o céu, o inferno, a obra do Espírito Santo no mundo, o que constitui pecado, e outros temas são todos encontrados na Bíblia.

Podemos ver e sentir a presença de Deus na criação, seu amor, sua bondade e misericórdia para conosco, mas o caminho da salvação eterna, como viver em paz com Deus e seguir os caminhos que Ele apontar encontraremos somente na Sua Palavra escrita, a Bíblia. A Bíblia faz-se necessária, pois só assim podemos conhecer a mente de Deus e o que Ele requer do homem.

Em Isaías 55.8, lemos que os caminhos de Deus e pensamentos não são os nossos caminhos e pensamentos, como a terra se distancia do céu assim é a diferença entre nossos caminhos e pensamentos dos de Deus. Como o homem finito, limitado, pode saber dos pensamentos e caminhos de Deus. Louvamos ao nosso Deus, pois tem providenciado um manual de instruções escritas para o mundo, e esse manual chama- se Bíblia. A necessidade disso pode ser percebida em virtude dos seres humanos, encontrarem-se vazio, perdidos sem saber como viver e agir. Os céticos e homens do alto criticismo atacam a Bíblia, mutilando-a, mudando seus ensinos, querendo destruí-la, ou ao menos, tirar o impacto do seu ensino, deixando-a fraca e impotente, diluída e ineficaz, um livro qualquer, e não a palavra inspirada de Deus.

Porque há tanta resistência, tanto ódio, tantas falsas acusações contra a Bíblia? A razão principal é porque o Deus da Bíblia condena os homens nos seus caminhos errados e pecaminosos. Pelo fato de a Palavra de Deus ser um livro que sempre condena o pecado, e louva a justiça, espalhada pelo mundo todo para todos lerem e está acessível em mais idiomas e dialetos que qualquer outro livro os seus detratores acham necessário desfazer seus ensinos, o mais possível para que seus caminhos e vidas vis não sejam julgados. Assim se sentiriam livres para viver como quiser, sem Deus e sem restrições impostas pela palavra dele.

Muito pode ser falado aqui em defesa da Bíblia:

- Na sua preservação através dos séculos, apesar dos mais virulentos ataques contra sua inspiração divina e seus ensinos, e o constante esforço de minar seus ensinos e bani-la da cena pública.
- Na sua unidade, apesar de ser escrita por cerca de 40 autores humanos inspirados por Deus, cobrindo um período de 1600 anos (mais que 60 gerações).
- Seu escrito em três grandes idiomas: hebraico, aramaico e grego por diferentes escritores, mas com uma admirável exatidão no seu conteúdo e ensinos.
- Na sua cobertura geral, em todos os assuntos e problemas comuns aos homens, porém sempre com um tema central – o plano de Deus para a redenção dos seres humanos.
- No seu estilo literário, histórico, biográfico, poesia, lei, etc.
- Nas suas muitas profecias, centenas delas já cumpridas, e outras se cumprindo. O elemento profético encontra-se só na Bíblia e não em outros livros-guia de outras religiões que leem e aceitam seus ensinos. O efeito salutar que o Cristianismo (que é alicerçado sobre a Bíblia) tem tido sobre as nações que o abraçaram tem sido percebido ao longo da história.

Finalmente, convém dizer que toda a nossa defesa intelectual e científica da Bíblia não é suficiente para convencer os seus oponentes. A Bíblia, a Palavra de Deus, é um livro que requer o elemento da fé por parte do leitor, para aceitá-la e pôr em prática seus preceitos.

O Espírito Santo opera sobre a mente e o intelecto do sincero leitor, convencendo-o de que toda a Palavra de Deus e os ensinos maravilhosos e puros de Jesus, junto com as outras provas apresentadas da história e da ciência, são racionais e lógicos. Sempre haverá aqueles que não querem crer, que não aceitam provas racionais, que fecham seus olhos aos fatos e evidências convincentes e, especialmente, fecham seus ou- vidos e corações para a voz do Espírito Santo. Dizem as Escrituras: *"A fé vem pelo ouvir, e ouvir a Palavra de Deus"* (Rm 10.17).

Questão para Reflexão

O elemento fé tem de guiar a nossa aceitação da existência de Deus. Nunca poderemos adequadamente "explicar" Deus mas, em nosso ser, sentimos a sua presença e, na natureza ao nosso redor, Ele se revela com beleza e constante supervisão. Onde estaria este grande universo sem o cuidado de Deus?

CAPÍTULO 2

O Criacionismo Bíblico

As Sagradas Escrituras não querem nos mostrar um conceito abstrato da divindade, mas querem colocar-nos em contato pessoal com o Deus vivo e verdadeiro. A Escritura elimina nossas noções e conceitos e nos conduz de volta para Deus. Portanto a Escritura não argumenta sobre Deus, ela o apresenta a nós e revela-o em todas as obras de suas mãos.

É por isso que as Sagradas Escrituras nos apontam com tanta frequência os poderosos feitos de Deus. A Escritura é ao mesmo tempo uma descrição deles e um cântico de louvor por eles. Exatamente porque ela quer que conheçamos o Deus vivo e verdadeiro, ela fala em todas as suas páginas sobre os Seus poderosos feitos. Sendo o Deus vivo, Ele é também o Deus *operativo.* Ele trabalha sempre (Jo 5.17). Toda a eterna vida de Deus é poder, energia, atividade. Tal é o Criador, tal é Sua criação. Sendo Deus o Realizador, o Criador de todas as coisas, Suas obras são grandes e maravilhosas (Sl 92.5; 139.14), são verdade e fidelidade juntas (Sl 33.4; 111.7), e justiça e misericórdia (Sl 145.17; Dn 9.14).

Incluídas nessas obras, certamente, estão a criação e a manutenção de todas as coisas, céu e terra, a espécie humana, as maravilhas feitas em Israel e para Israel, e as obras que Ele realiza através de Seus servos. E todas essas obras o louvam (Sl 145.10). Ele é a Rocha cujas obras são perfeitas (Dt 32.4).

2.1- Por que não cremos na evolução orgânica

O evolucionismo tem sua origem no cenário racionalista da modernidade. O principal responsável por ele foi o inglês Charles Darwin (1809-1882), que defendeu suas descobertas em seu livro "A Origem das Espécies", publicado no ano de 1859. Nesse livro, Darwin apresenta suas teorias e oferece explanações sobre como o mundo veio a existir, e como surgiram as diversas formas de vida, tanto animal quanto o ser humano, sem a ajuda ou interferência de um Supremo Ser, Deus.

2.1.1- Fundamentos das Teorias de Darwin

Firmes bases, tanto bíblicas como científicas, foram dispostas para se contrapor às afirmações de Darwin. É necessário, para tanto, compreender inicialmente que "teoria" não é um fato provado. Teorias são simplesmente suposições ou hipóteses, como afirma o dicionário: "uma noção, um conhecimento abstrato".

A palavra "evolução" basicamente é definida como "mudança, estágio de progressão", porém pode abranger vários significados:

- Microevolução: pequenas mudanças, tais como cores ou como o bico de um pássaro.
- Macroevolução: o desenvolver de novas partes de um corpo, novos órgãos ou novas estruturas corporais. Por exemplo, asas ou barbatanas.
- Seleção Natural: o ponto mais enfatizado por Darwin significa que somente sobrevivem as formas de vida mais fortes e resistentes no decorrer dos tempos.
- Descendência comum a todos e tudo: significa que tudo é herdado, provém de um ancestral comum e único a todos os seres vivos.

Uma grande parte do livro "A Origem das Espécies" se dedica à teoria da "seleção natural", defendida por Darwin. Ele teorizou que, através da evolução orgânica, as formas mais resistentes de vida sobreviverão, enquanto as formas mais fracas gradativamente desaparecerão. Essa seleção natural é feita pela própria natureza, chamada de "sobrevivência" ou "seleção das formas de vida mais fortes".

Seu argumento é que na evolução são necessárias constantes mudanças e modificações, de acordo com o ambiente em que o animal ou até uma planta vive, para adaptação, crescimento e melhora na existência desse ser vivo. Admite-se que existam pequenas mudanças nosseres, porém não de ordem radical como Darwin declarava.

Sobre o ser humano, os evolucionistas declaram que o processo da evolução orgânica exigiu milhões de anos de desenvolvimento. E através desse longo período, o homem passou pelos vários estágios da vida, vindo das formas mais simples e evoluindo para formas mais complexas de vida até chegar ao ser humano atual.

2.1.2- Refutações científicas ao Evolucionismo de Darwin

Naturalmente, o Cristianismo não aceita a teoria da evolução orgânica, pois crê na Bíblia e em seu relato sobre a obra da criação de Deus registrada no livro de Gênesis, capítulo primeiro. Além dessa referência bíblica, existem mais de oitenta versículos nas Escrituras que claramente afirmam que Deus criou o mundo e a vida que existe nele. No entanto, existem também bases científicas que atestam a falta de sustentação das ideias evolucionistas:

- **Argumento Osteológico**

A Osteologia é a ciência que estuda a estrutura dos ossos. Através dessa ciência, é possível observar as grandes diferenças existentes entre o braço de um macaco ou gorila, por exemplo, e o braço de um homem.

Uma peculiaridade humana é que nenhum animal inferior tem mãos com dedo polegar, somente o homem. Os felinos, gatos e tigres possuem patas; os peixes possuem barbatanas; porém somente o homem possui mãos com o dedo polegar, que lhe possibilitam pegar e segurar objetos com agilidade e força.

- **Argumento Genético**

Esse argumento se baseia sobre a ciência genética, que segue a lei de reprodução segundo as espécies, repetida dez vezes. Dr. Warren, renomado cientista e médico, afirma: *"as espécies não se reproduzem quando são misturadas. Até dentro da mesma "família", quase sempre produzem ou um animal estéril ou um com deficiências ou deformações"*. Não há exceções na lei que Deus estabeleceu.

O homem é uma criação especial, a raça humana é uma espécie em si, totalmente diferente e separada das outras. As várias raças humanas podem ser misturadas, e o produto é sempre fértil.

- **Argumento Morfológico**

A Morfologia é a ciência que estuda a estrutura do corpo humano. O homem é marcadamente distinto do animal em sua posição de andar em pé, em seu modo de deitar-se, em sua maneira e posição de sentar-se e na posição dos órgãos internos.

Todos os animais andam e deitam-se diferentemente do homem, e a posição de seus órgãos internos não os permite ficar na posição ereta por horas como o ser humano. Quase todos os animais não possuem a estrutura de ossos e músculos para sentar-se igual ao homem. Os animais de ordem inferior também não têm os músculos para sorrir ou mudar suas expressões faciais como o homem.

- **Argumento dos Fósseis**

Todos os animais se reproduzem segundo a sua espécie. Um bacalhau põe em toda a sua vida até nove milhões de ovos, mas o resul- tado será sempre o mesmo: bacalhau.

Em todos os estudos extensivos de paleontologia (ciência que estuda espécies desaparecidas baseada em seus ossos e fósseis), nunca foi encontrada uma forma de vida da transição, o chamado "elo perdido", a lacuna entre o animal inferior e o ser humano.

O paleontólogo e cientista Prof. W. Branca declarou: "A Paleontologia não conhece os antecedentes do homem. Todas as formas e ossos que temos encontrado nas rochas são espécies puras, nunca são novas espécimes ou formas no processo de evolução".

- **O argumento do processo contínuo de evolução**

A teoria Darwiniana ensina que não há leis que realmente controlam a evolução orgânica, e assim teria de ser "um processo contínuo". No entanto, história não comprova essa afirmação.

Ninguém, em toda a história do mundo, tem visto animais, peixes e aves, ou até homens que estão em processo de evolução orgânica. Um animal meio-ave, meio-peixe, meio-gorila e meio-homem.

2.2- A Posição Bíblica acerca da Criação

As Sagradas Escrituras assumem uma posição diferente do evolucionismo de Darwin. O que ela nos diz sobre a origem das coisas não nos é oferecido como resultado de uma investigação científica, nem de uma explicação filosófica do mundo, mas para que, através do que ela tem a nos dizer, nós conheçamos o único e verdadeiro Deus e coloquemos nele toda a nossa confiança.

Essa é uma explicação que não procede do mundo, mas de Deus. Ela não diz que o mundo é eterno, mas que Deus é eterno: "*Antes que os montes nascessem e se formassem a terra e o mundo, de eternidade a eternidade, Tu és Deus*" (Sl 90.2). Ele é Senhor, o que era, o que é, e o que há de vir, que está além da riqueza de todas as palavras, um *Ser* completamente imutável.

2.2.1- A Bíblia distingue Criador e Criatura

O fato contra o qual a Escritura primeiramente nos previne é a confusão de Deus com a Sua criação. A Escritura corta pela raiz toda descrença, falsa crença e superstição. Deus e o mundo são essencialmente diferentes um do outro. Eles se diferenciam como Criador e criatura. É importante salientar que nada veio a existir aleatoriamente como resultado do acaso. Sendo uma criatura, todo o mundo tem sua origem em Deus. Não há algo como uma matéria ou um espírito existindo paralelamente a Deus. O céu, a terra e todas as coisas foram criadas por Ele.

Esse certamente é o ensino da Escritura: que Deus existe desde a eternidade (Sl 90.2), mas que o mundo teve um começo (Gn 1.1). Várias vezes nós lemos que Deus fez uma coisa ou outra – predestinou, disse ou amou – desde antes da fundação do mundo (Jo 17.24; Ef 1.4). Ele é tão poderoso que, ao falar, as coisas passam a existir (Sl 33.9), e chama à existência as coisas que não existem (Rm 4.17). Ele criou o mundo pela Sua própria vontade (Ap 4.11). Ele fez todas as coisas, o céu, a terra e tudo o que neles há (Ex 20.11; Ne 9.6). Dele e por Ele e para Ele são todas as coisas (Rm 11.36).

Portanto, Ele é também o Todo-Poderoso, possuidor do céu e da terra (Gn 14. 19,22), que faz todas as coisas como lhe agrada, e cujo poder não conhece limites, de quem todas as criaturas possuem um absoluto senso de dependência (Sl 115.3; Dn 4.35). A Escritura nada sabe sobre uma matéria eterna que foi criada paralela a Deus. Ele é a causa única e absoluta de tudo o que existe e acontece. O visível não foi feito pelo visível aleatoriamente, mas pela palavra de Deus (Hb 11.3).

2.2.2- A Descrição Bíblica da Criação

A Escritura nos diz não somente que Deus chamou o mundo à existência do nada, mas também nos diz algo sobre a forma pela qual a criação foi feita. Ela começa com o registro de que *no princípio* Deus criou os céus e a terra (Gn 1.1). Esse começo aponta para o momento no qual essas coisas começaram a existir.

O próprio Deus não tem início, nem pode ter. Nem o Verbo que estava com Deus e que era Deus, pois Ele também existe desde a eternidade. Esse começo marca o momento em que as coisas criadas vieram à existência. Portanto, o tempo e o espaço também tiveram seu início. De fato, nem um nem outro são criaturas independentes, na verdade, foram chamados à existência por um ato poderoso especial de Deus. Embora que nada lemos sobre isso no registro da criação, contudo o tempo e o espaço são formas de existência indispensáveis para seres criados.

Somente Deus é eterno e onipresente. As criaturas, por serem criaturas, estão sujeitas ao tempo e ao espaço. O tempo torna possível que algo continue existindo em uma sucessão de momentos, pois uma coisa existe depois da outra. O espaço torna possível que um corpo se expanda por todos os lados, pois um corpo existe próximo ao outro.

O primeiro versículo de Gênesis diz que no princípio Deus criou os céus e a terra. Como céus e terra, a Escritura aqui quer dizer tudo o mais (Gn 2.1,4; Ex 20.11), ou seja, todo o mundo, todo o universo, que, de acordo com a vontade de Deus, desde o início foi dividido em duas partes.

Essas partes são a terra, com tudo o que está sobre e dentro dela, e os céus, que compreendem tudo o que está fora e sobre a terra. Aos céus, nesse sentido, pertencem o firmamento, e o ar, e as nuvens (Gn 1.8,20), as estrelas, que constituem o exército dos céus (Dt 4.19: Sl 8.3), e também o terceiro céu, ou o céu dos céus, que é a morada de Deus e dos anjos.

Questão para Reflexão

Em nossos dias, vemos muitos grupos que são contrários ao criacionismo bíblico. O que as Escrituras argumentam sobre Deus? Ou ela o apresenta a nós e revela-o em todas as obras de suas mãos? As Sagradas Escrituras assumem uma posição diferente do evolucionismo de Darwin? Por que não cremos na evolução orgânica? Discutam esses temas em grupo e façam uma breve explanação.

CAPÍTULO 3

A Realidade do Pecado e da Salvação

Quando estudamos os fundamentos da Fé Cristã, vemos que uma verdade essencial do Cristianismo é a realidade do pecado e os seus efeitos na humanidade. A Bíblia Sagrada, como um todo, descreve a ação de Deus na história desfazendo o mal provocado pela desobediência do homem.

Pecado é uma palavra que significa "errar o alvo". No sentido teológico, trata-se da "transgressão à Lei de Deus". A partir dos primeiros capítulos de Gênesis, veremos que Deus constituiu um casal no Éden, dando-lhe o privilégio da comunhão diária com o Criador. No entanto, havia uma ordem explícita concernente ao fruto do conhecimento do bem e do mal. Deus tinha enfatizado claramente que o ato de comer o referido fruto implicaria desobediência e, consequentemente, o casal sofreria por isso. Sabemos, com base no texto bíblico, que Adão e Eva optaram pela transgressão. Assim, por serem os primeiros habitantes da terra, o ato de pecar afetou toda a raça humana.

3.1- Conceitos de Pecado em Diferentes Confissões e Correntes Filosóficas

A ideia de pecado está presente em outras religiões do mundo, em- bora somente o Cristianismo tenha a real compreensão do assunto, pois representa o Deus dos céus e da terra, o qual foi o único ofendido com o pecado do ser humano. O fato de outras confissões e correntes filosóficas terem um conceito de pecado não significa que é verdadeiro. Algumas, inclusive, negam a definição Cristã de pecado.

Vejamos alguns exemplos:

- **Ciência Cristã** - O pecado e o mal não são reais, mas tratam-se de ilusões. A solução para tal é a libertação da mente, pois o homem é incapaz de pecar, adoecer e morrer.
- **Espiritismo** - Nega a existência do pecado, por considerar que não há qualquer evidência de uma queda do homem, e que é necessário rejeitar o conceito de criaturas caídas.
- **Ateísmo** - O pecado deve ser negado e combatido, a ética é relativa, e a salvação se realiza mediante o desenvolvimento da ciência.
- **Teologia da Libertação** - Considera o pecado como a opressão social de um grupo sobre o outro. Nega a realidade espiritual do pecado, como ofensa direta a Deus, e defendem o pecado apenas no âmbito social. Os adeptos extremistas são favoráveis a uma ação violenta, se necessário for, contra os opressores irredimíveis, ao passo que os menos radicais defendem a mudança por meio da ação social e da educação.
- **Humanismo** - Segundo os humanistas filosóficos, o pecado não existe. O progresso do homem dá-se mediante a razão e a compreensão de sua total independência de Deus. O homem deve rejeitar o conceito bíblico de pecado e reafirmar a sua condição terrena. So- mente assim progrediremos em direção à perfeição.

3.2- A Negação do Pecado no Iluminismo

Historicamente, a maior investida contra a mentalidade cristã de pecado, como ofensa a Deus, aconteceu no Iluminismo. Na mentalidade dos adeptos das correntes modernistas tanto da teologia quanto das ciências humanas, o pecado original, tal qual ensinado pelas Escrituras, não existe. Segundo os filósofos racionalistas, a depravação do homem se dá pelas influências externas.

A negação da realidade espiritual do pecado no Iluminismo racionalista trouxe danos terríveis à sociedade. A afirmação da bondade inerente ao ser humano por parte dos filósofos, que acreditavam num progresso iminente, resultou em revoluções e atrocidades. Segundo Colson e Pearcey (2005), dentre as consequências percebidas está o surgimento de diversos movimentos ditatoriais racistas que mancharam a história com verdadeiros genocídios.

Dois dos filósofos que mais se destacaram negando a realidade do pecado, segundo a tradição Cristã, foi Karl Marx e Friedrich Nietzsche. Segundo Marx: "*A religião e a moralidade não são nada além de ideologias usadas para racionalizar os interesses econômicos de uma classe acima da outra*". Nietzsche foi mais contundente ao declarar a "morte de Deus" e mostrou que isso significava a "morte da moralidade". Segundo Colson e Pearcey (2005), para Nietzsche,

> *O pecado nada mais era que um ardil inventado por um bando miserável de "sacerdotes ascéticos", xamãs do Antigo Testamento que haviam alcançado o controle mágico sobre homens e mulheres tocando a "música encantadora" de culpa em suas almas.*

Como vimos, as ideias iluministas lançaram as bases do relativismo moral do cenário pós-moderno. Desse modo, a concepção de pecado fica reduzida ao individualismo e cada pessoa tem domínio da própria vida e consciência. A negação da realidade do pecado numa sociedade traz as seguintes consequências: a negação da natureza santa de Deus, a invalidação do sacrifício expiatório de Cristo e destrói todo sentimento de dever moral, concedendo liberdade a todas as vontades pervertidas.

3.3- A Descrição Bíblica Acerca do Surgimento do Pecado

O começo de toda a obra de criação está registrado em Gênesis 1.1, e em Gênesis 1.31 é dito que toda a obra de criação, e não apenas a criação da terra, foi vista por Deus e foi declarada como sendo muito boa. Essa afirmação bíblica nega a teoria da coexistência eterna do mal com o bem.

3.3.1- O Pecado Originado por Lúcifer

O pecado não surgiu pela primeira vez na terra, mas no céu, na presença imediata de Deus, junto ao Seu trono. A Escritura nos ensina que a queda dos anjos precedeu a queda do homem. O pensamento, o desejo, a vontade de resistir a Deus surgiu primeiramente no coração dos anjos. É provável que o orgulho tenha sido o primeiro pecado e o princípio da queda dos anjos.

Em 1Timóteo 3.6, Paulo exorta a igreja a não escolher como bispo alguém que tenha sido convertido há pouco tempo, para que ele não sinta orgulho e caia na condenação do diabo. Se esse julgamento ou essa condenação do diabo significa o pecado no qual ele caiu depois de se exaltar contra Deus, então nós temos aqui um indício do fato de que o pecado do diabo começou com a autoexaltação e orgulho.

Além disso, o homem não transgrediu a lei de Deus exclusivamente por si mesmo, mas foi movido por algo fora de si mesmo. A mulher, enganada e tentada pela serpente, cometeu a transgressão (2Co 11.3; 1Tm 2.14).

3.3.2- A Tentação de Adão e Eva

Certamente nós não devemos imaginar que essa serpente seja uma representação simbólica, mas uma serpente real, pois somos informados que a serpente era mais sagaz do que todos os animais do campo que o Senhor Deus tinha feito (Gn 3.1). A revelação posterior nos dá a entender que uma força demoníaca fez uso da serpente para encantar o homem e fazer com que ele se desviasse do caminho do Senhor. Em vários pontos do Velho Testamento nós lemos que Satanás é o acusador e o tentador do homem (I Cr 21.1; Jó 1.9-11; Zc 3.1).

O plano que Satanás elaborou para fazer o homem pecar foi sutil. O mandamento que Deus tinha dado é representado como um fardo arbitráriamente colocado sobre o homem, como uma limitação da liberdade humana. Dessa forma, Satanás lança na alma de Eva a dúvida sobre a justiça desse mandamento e sobre a sua origem divina. Depois a dúvida se desenvolve em incredulidade por meio do pensamento de que Deus deu esse mandamento para impedir que o homem se tornas- se como Ele, conhecedor do bem e do mal.

Essa incredulidade é colocada a serviço da imaginação e faz com que a transgressão pareça ser, não um caminho para a morte, mas um caminho para a vida, para a igualdade com Deus. A imaginação, dessa forma, faz sua obra na inclinação e no esforço do homem, e a árvore proibida passa a ter outra aparência. Ela se torna agradável aos olhos e desejável ao coração. O desejo, sendo concebido dessa forma, expulsa a vontade e carrega consigo o ato pecaminoso. Eva toma o fruto e come, e o dá também ao seu marido, e ele também come (Gn 3.1-6).

3.4- Os Efeitos do Pecado como Evidência da Queda

O pecado dos primeiros representantes da raça humana trouxe consequências nefastas para toda a humanidade. Assim a percepção e o relacionamento que o homem tinha com Deus foi afetado.

3.4.1- A Autopercepção do Pecado

No momento exato em que o homem cometeu o pecado em seu pensamento e imaginação, em seu desejo e em sua vontade, uma tremenda mudança ocorreu nele. Isso se torna evidente pelo fato de que, imediatamente depois do pecado, Adão e Eva tentaram esconder-se de Deus e um do outro.

Os olhos de ambos se abriram, e eles perceberam que estavam nus (Gn 3.7). Repentinamente, em um instante, eles estavam mantendo um relacionamento diferente do que vinham mantendo até então. Eles se viram como nunca tinham se visto antes. Eles não se atreveram e não puderam sem reservas olhar um para o outro. Eles sentiram-se culpados e impuros, e coseram folhas de figueira para ocultarem-se um ao outro. Eles compartilharam dessa situação e sentiram medo e a necessidade de se esconderem da face de Deus no meio das árvores do jardim.

As folhas de figueira serviram para esconder parcialmente sua vergonha e desgraça, mas eram inadequadas para a confrontação face a face com Deus, e por isso eles fugiram, fugiram para as densas profundezas da folhagem do jardim. A vergonha e o temor tinham se apoderado deles, pois após pecarem haviam perdido a comunhão com o Criador e sentiam-se culpados e impuros em Sua presença.

3.4.2- A Universalidade do Pecado

Essa é sempre a consequência do pecado. Com relação a Deus, com relação a nós mesmos e com relação aos demais seres humanos, é perdida a espontaneidade espiritual e a liberdade interna, pois essas são realidades que somente a consciência isenta de culpa pode excitar em nosso coração. Mas a gravidade do primeiro pecado é exibida com mais vivacidade no fato de que sua influência se espalha do primeiro casal para toda a humanidade. O primeiro passo na direção errada foi tomado, e todos os descendentes de Adão e Eva seguiram suas pegadas.

A universalidade do pecado é um fato presente na consciência de todas as pessoas. A universalidade do pecado é um fato estabelecido tanto pelas evidências da experiência quanto pelas Sagradas Escrituras. Não seria difícil obter testemunhos da universalidade do pecado em todos os tempos e lugares. A pessoa mais simples e a mais culta concordam com isso. Ninguém, eles diriam, nasce sem pecado. Todos possuem suas fraquezas e defeitos.

O obscurecimento do entendimento toma seu lugar entre as doenças mortais do homem, e através dele tomam seu lugar também não apenas a inevitabilidade do erro, mas também o amor ao erro. Ninguém é livre em sua consciência. A consciência é o traidor de todos nós. A carga mais pesada da humanidade é a carga da culpa. Esses são os sons que vêm aos nossos ouvidos por todos os lados na história da humanidade.

Embora o princípio fundamental seguido pela pessoa simples e pela pessoa culta seja a bondade natural do homem, elas serão levadas, ao fim de sua investigação, a reconhecer que as sementes de todos os pecados e delitos estão escondidas no coração de todos os homens.

3.5- A Providência da Salvação

Imediatamente após a queda Deus veio ao homem. O homem tinha pecado e estava coberto de vergonha e temor. Ele foge de seu Criador e se esconde por entre a densa folhagem do jardim. Mas Deus não se esquece dele. Ele não o abandona, mas tem misericórdia dele, vai ao seu encontro, fala com ele e chama-o de volta para ter comunhão com ele (Gn 3.7-15).

E o que aconteceu imediatamente depois da queda continua acontecendo na história, de geração em geração. Nós vemos a mesma coisa acontecendo sempre. Em toda a obra de redenção, é Deus e somente Deus quem se manifesta como aquele que procura e chama, como aquele que fala e age. É Ele que coloca Sete no lugar de Abel (Gn 4.25); que concede Sua Graça a Noé (Gn 6.8) e que o preserva do julgamento do dilúvio (Gn 6.12 ss.); que chama Abraão e que estabelece uma Aliança com ele (Gn 12.1; 17.1); que, somente pela Sua Graça, escolhe o povo de Israel como Seu herdeiro (Dt 4.20; 7.6-8); que na plenitude dos tempos envia Seu Filho unigênito ao mundo (Gl 4.4) e que agora, nessa dispensação de toda a raça humana, reúne uma Igreja que Ele elegeu para a vida eterna e que a preserva para a herança celestial (Ef 1.10; 1Pe 1.5).

Assim como na obra da criação e na obra da providência, também na obra de redenção Deus é o Alfa e o Ômega, o princípio e o fim (Is 44.6; Ap 22.13). Ele não pode mesmo ser outra coisa, pois Ele é Deus. Dele, por Ele e para Ele são todas as coisas (Rm 11.36).

Questão para Reflexão

Você concorda que a Bíblia Sagrada como um todo descreve a ação de Deus na História, desfazendo o mal provocado pela desobediência do Homem? Por quê? Justifique sua resposta. Em qual momento, o desejo, a vontade de resistir a Deus surgiu no coração dos anjos? É provável que o orgulho tenha sido o primeiro pecado e o princípio da queda dos anjos?

CAPÍTULO 4

A Divindade de Jesus Cristo

É possível que a grande pergunta dos séculos seja: "Quem é Jesus Cristo?" Ele é o que se declarou ser, o Filho de Deus, o verdadeiro Deus? Certamente, nenhuma outra figura em toda a história do mundo tem suscitado tanto interesse, tanto questionamento, e também tanto criticismo e ceticismo. Ele é realmente divino? Será que Ele é o único meio pelo qual os homens podem chegar a Deus, e ter garantida a vida eterna como Ele declarou? (Jo 14.6).

4.1- O Reconhecimento da Pessoa de Jesus

Jesus Cristo fez muitas declarações sobre si mesmo. Será que Ele tinha base para essas alegações? É um fato inegável que apesar de todas as provas e evidências da sua divindade, existem muitos agnósticos e ateus que vão persistir em duvidar da sua divindade, e até duvidar se Ele realmente existiu. Porém, são forçados pela história a ceder que Jesus era um homem judeu que andava na Palestina no século I da Era Cristã. Mas, eles dizem que Jesus Cristo era um mero ser humano, e não Deus.

Quem realmente é Jesus Cristo? Há muitas respostas proferidas. Algumas dizem que ele era um mero líder religioso entre outros que apareceram em cena no Oriente Médio naquela época, e que conseguiu uma grande multidão de seguidores. Outras declaram que ele era um charlatão, um impostor, uma fraude; e há aqueles que acham que ele era um tipo de "guru santo", um ser perfeito, um homem cheio de virtudes morais e éticas, porém era somente isto: um ser humano, e não Deus.

Por que a mera menção do nome de Jesus provoca tanta reação? – ira, medo, zombaria, discussões e debates, livros e mais livros que procuram definir quem era ele, e muitas vezes denigrem a sua pessoa, negando a sua divindade, suas obras e milagres, sua morte expiatória na cruz e sua triunfante ressurreição.

Vamos investigar o que os líderes religiosos e seus ensinos têm a dizer sobre Jesus.

4.2- As opiniões e os conceitos de várias religiões e filosofias sobre Jesus

A história está marcada pela presença de Jesus. Inicialmente era apenas um grupo de pessoas anunciando sua mensagem, sua morte e ressurreição, no entanto, depois de dois mil anos, vários seguimentos reivindicam algum vínculo com a pessoa de Cristo. Sua biografia, extensivamente espalhada por todo o mundo, torna-se objeto de louvor e crítica por parte de muitos.

Vejamos algumas opiniões acerca de Cristo:

- **As testemunhas de Jeová** – Jesus é um deus menor que Jeová. Ele foi criado por Jeová-Deus e ganhou a sua posição divina em obedecer a Deus e morrer pelos pecados do mundo.
- **Os mórmons** – Jesus era um homem como qualquer um de nós, mas evoluiu para ser um deus.
- **Os muçulmanos** – Jesus foi apenas um dos 120.000 profetas que trouxeram a mensagem de Ala, um simples profeta como tantos outros.
- **Os judeus** – Jesus era um impostor. Um mero ser humano que alegava ser o Messias de Israel.
- **O budista** – Jesus era um ser elevado, iluminado, um tipo de Buda para os cristãos.
- **O hinduísta** – Jesus era um ser maravilhoso, compassivo com os pobres. Ele toma seu lugar ao lado dos outros deuses no panteão hinduísta que possui 33 milhões de deuses.
- **O confucionista** – Ensina que há vários deuses no mundo, cada um representando uma religião – e que Cristo, que era um bom ser ético e sábio, é o deus do Cristianismo.
- **O racionalista** – Jesus não pode ser divino. Ele revelou-se ser humano.
- **O liberalista** – Jesus era um perfeito ser humano e não Deus.
- **O pós-modernista** – Jesus é quem ele representa para você, o que você mesmo faz dele na sua vida.
- **O Cristo Cósmico** – Cristo é divino, mas é somente um espírito

universal, uma força cósmica para guiar a evolução espiritual da humanidade.

- **A Nova Era** – Jesus é uma força espiritual que permeia todo o universo. Ele está dentro de cada ser humano – você tem de descobrir que essa força faz você ser seu próprio deus. Você mesmo é Cristo.

4.3- A Divindade de Jesus na Bíblia

No Novo Testamento, encontramos várias referências nas quais Jesus usa o termo grego *"Ego eimi"*. "Eu sou" – uma declaração sem o acréscimo do predicado. Estamos acostumamos a ouvir a frase completa, por exemplo, como Ele se pronuncia em João 15.1: *"Eu sou a videira verdadeira"* e encontrada também em outra referência: *"Eu sou o bom Pastor"* (Jo 10.11), *"Eu sou o pão da vida"* (João 6.35), *"Eu sou a luz do mundo"* (Jo 8.12), etc.

Mas, em Jo 8.58, ele declara *"antes de Abraão, eu sou"* como frase completa, o que impacta o leitor, e que dá evidência da sua deidade, é que ele usa o mesmo termo pelo qual Deus Yaweh se apresentou a Moisés em Ex. 3.14.

E quando Moisés pediu por uma credencial de identificação através da qual o povo de Israel saberia que era Deus quem estava dando as ordens a Moisés, Yaweh disse: *"Assim dirás aos filhos de Israel, Eu sou me enviou a vós"*. A tradução direta desse título em hebraico para o grego é *"Ego Eimi"*. Jesus aplicou o nome de Deus a Si, o que causou ira e indignação por parte dos líderes religiosos judeus, que pegaram pedras para apedrejá-lo, pois para eles, era uma blasfêmia Jesus declarar-se Deus.

No Antigo Testamento, a sentença para blasfêmia era morte por apedrejamento. Jesus fez a mesma declaração em Jo 10.30-33, e houve a mesma reação da parte dos líderes judeus. Jesus declarou-se Deus. Ao fazer uma declaração dessa envergadura, teria de ser louco, desonesto, mentiroso, ou estar falando a verdade. Como cristãos, cremos na última alternativa. Ele sabia quem era, por isso, falou de si com tanta autoridade.

Jesus declarou ser o Messias (Jo 4.25,26; Mc 14.61-64; Mt 22.43,44). Há mais de 300 profecias no Antigo Testamento sobre a vinda do Messias, cumpridas na pessoa de Jesus Cristo. Durante o seu ministério, podemos constatar que aceitou a adoração dos homens e dos anjos (Mt 2.11; 28.9,17; Jo 9.38; 20.28; Hb 1.5,6). Falava e agia com autoridade divina (Mt 5.21,22; 28.18,19; 24.35; Jo 12.48; 13.34). Pediu que os homens orassem em Seu Nome (Jo 14.13,14; 15.7; 16.24,26; At 7.59; I Co 5.4; Mc 16.15-18). Recebeu os títulos e ofícios de deidade (Jo 4.42; I Co 2.8; 10.4; Ef 5.23; II Tm 4.1; Tt 2.13; Hb 13.20; I Pe 5.4; Ap 1.17; 2.8; 5.9; 22.13). Foi declarado Criador do Universo (Jo 1.3; Cl 1.5-17). Exerceu os mesmos poderes exclusivamente de Deus-Pai (Mc 2.7; João 5,11; At 5.31; 13.38; Cl 3.13). Tem seu nome associado ao nome de Deus (Jo 14.6; At 7.59, I Co 5.4; II Co 13.13; Gl 1.3; Ef 1.2).

4.4- A morte de Jesus Cristo e sua ressurreição

Jesus nasceu para morrer. Antes da fundação do mundo, o Cordeiro de Deus já foi morto no plano de Deus (Ap 13.8). Jesus assumiu uma forma humana, tornou-se homem na carne (Fp 2.6-8) para poder morrer, pois como Deus era eterno (Is 9.6) e não poderia morrer.

Embora assumindo esta carne, como qualquer ser humano (Jo 1.14), não nasceu como qualquer pessoa nasce neste mundo, mediante a conjunção carnal entre um homem e uma mulher. Seu nascimento deu-se miraculosamente, através de uma virgem, chamada Maria, sendo concebido pelo poder do Espírito Santo. (Jo 1). Tornou-se Homem ao assumir a forma humana e vir à Terra. Debaixo da unção do Espírito Santo, conhecia o íntimo e o profundo do coração humano (Mc 2.8; Lc 11.17) e realizava milagres e maravilhas (Mt 14.24-27; Lc 7.1-15). Como Homem sentiu e vivenciou todas as limitações inerentes à existência humana (Jo 4.6; Hb 2.18; 4.15).

4.4.1- O Significado Espiritual da Morte de Cristo

Jesus declarou que ninguém tiraria Sua vida, mas que Ele a entregaria, por sua própria vontade. Era o plano de Deus para a salvação do mundo (Jo 3.16). No Antigo Testamento, milhares, senão milhões, de cordeiros foram sacrificados para o perdão dos pecados do povo de Israel, como foi exigido por Deus, e esses sacrifícios cobriam os pecados perante um Deus santo.

No Evangelho de João (1.29), João Batista, o precursor do Messias, fez uma declaração preditiva ao ver Jesus aproximar-se: *"Eis o Cordeiro de Deus que tira o pecado do mundo"*. Sim, Jesus, na sua morte no Calvário, pagou de uma vez para sempre o preço do perdão dos pecados (Hb 9.12-14); Ele não "cobriu", mas "tirou" o pecado do mundo. Todo aquele que nele crê (crê aqui significa aceitar a sua obra expiatória na cruz), tem a vida eterna (Jo 1.12; 3.16,36; 5.24; 6.40,47; Rm 10.9,10).

Desde que o pecado entrou no mundo com a desobediência a Deus, por nossos primeiros pais, Adão e Eva, o homem tem herdado a "mancha" do pecado e todos os seres humanos nascem com essa herança (Rm 5.12,17,18,19,21).

O ser humano por mais que se esforce jamais conseguirá por méritos próprios viver uma vida sem pecados. Somente o sacrifício expiatório de Cristo na cruz do calvário, nos proporciona ao homem a solução para esse problema que assola toda a humanidade (Hb 9.22; Ef 1.7; Rm 3.25). A cruz era necessária para comprar nosso perdão, nossa purificação do pecado, e nos apresentar justificados perante o Deus Santo. Quem podia efetuar tudo isso? Somente Jesus Cristo, o Cordeiro de Deus, um cordeiro imaculado (Hb 7.26), perfeito (Hb 7.26,27; 9.14), sem pecado algum (II Co 5.21; Hb 4.15; I Pe 2.22; I Jo 3.5).

A cruz era a mais cruel morte que as autoridades romanas reservavam para os piores criminosos, pois envolvia horríveis maus-tratos do corpo humano e horas de sofrimento sob os olhos de um público que zombava e desprezava os réus.

As tremendas dores e todo o sofrimento mental, físico e espiritual que Jesus padeceu no Calvário foram para que nossos pecados fossem pagos, e fôssemos curados, não somente na alma, mas também no corpo (Is 53.5). Cada ser humano é um devedor a Jesus Cristo (II Co 5.14,15) pela grande salvação eterna comprada por ele na cruz, e a vitória que a sua morte nos dá sobre o pecado.

4.4.2- A Ressurreição de Cristo como Fato Histórico

A vitória na cruz, e tudo que isso representa para nós, é uma das provas mais convincentes de que Jesus é verdadeiro Deus (I Jo 5.20), pois Ele ressuscitou triunfante do túmulo depois da morte para completar a gloriosa obra da nossa eterna justificação perante Deus (Rm 4.25; 5.1).

A milagrosa ressurreição de Jesus da morte está relatada por teste- munhas oculares nos quatro Evangelhos (Mt 28; Mc 16; Lc 24; Jo 20). Esse milagroso fato é a pedra fundamental sobre a qual descansa todo o templo doCristianismo.

O apóstolo Paulo declara em sua epístola aos coríntios que *"se Cristo não ressuscitou dentre os mortos, nossa fé e pregação estão vãs"*, e ele continua dizendo, *"que estamos mortos eternamente em nossos pecados"* sem esperan- ça da vida eterna que Cristo Jesus nos trouxe na sua ressurreição (I Co 15.17,20). A sua ressurreição é irrefutável.

Todos os argumentos contrários caem por terra quando são estudados e analisados cuidadosamente, um por um. As provas são cumulativas e convincentes: o túmulo vazio, visto por várias pessoas (Mt 28.2,6; Mc 16.2-6; Lc 24.2,3); os testemunhos oculares depois da sua ressurreição (Lc 24). Numa dessas aparições, Ele foi visto por um grupo coletivo de mais de 500 pessoas (I Co 15.4-6); a prometida descida do Espírito Santo no Pentecostes (Jo 14.16,26;16.7-13; At 2); as quatorze aparições de Jesus contadas nos quatro evangelhos e no livro de Atos dos Apóstolos; as vinte declarações que Jesus mesmo fez (antes da sua morte) sobre a sua ressurreição (Mt 16.21; Jo 2.19-22); a conversão do apóstolo Paulo (At 9.26), um zeloso fariseu que odiava os cristãos e o Cristianismo; a poderosa transformação na vida dos tímidos e, às vezes, incrédulos discípulos. Não há outra explicação para todos esses milagres, senão que é um fato que Jesus literalmente ressuscitou corporalmente do túmulo depois da sua morte na cruz.

Lembremos: Ninguém se entusiasma em morrer por um mito, uma falsidade, mas os apóstolos de Jesus não hesitaram em se tornar mártires pela fé cristã, pois sabiam que Cristo era o verdadeiro Deus.

É importante evidenciar que, durante toda a Sua trajetória na Terra, Jesus nunca pecou (II Co 5.21; Hb 4.15; I Jo 3.5; I Pe 2.22), foi perfeito (I Pe 1.9); justo (I Pe 3.18); santo (I Pe 1.15); misericordioso (Hb 2.17); perdoador (Jo 8); conhecedor das intenções e motivações do coração (Mt 9.4; Jo 2.25); poderoso em obras e maravilhas (Mt 8.26; Lc 5.1-9).

Por causa do seu corpo humano (Fp 2.7,8), Cristo não podia estar presente em todos os lugares ao mesmo tempo – mas, ao voltar ao Céu, foi restaurada toda a glória divina que era dEle, antes de vir à Terra (Jo 17). Ele é possuidor de todos os atributos divinos, Ele é verdadeiro Deus (I Jo 5.20).

Questão para Reflexão

Jesus Cristo mudou a história da humanidade tanto que a vemos antes e depois de Cristo. Jesus Cristo fez muitas declarações sobre si mesmo. Será que Ele tinha base para estas alegações? Para você quem realmente é Jesus Cristo? Como você explicaria a milagrosa ressurreição de Jesus da morte para alguém que não conhece o evangelho?

CAPÍTULO 5

A Vida Eterna

Uma das verdades fundamentais do Cristianismo é a afirmação de que Cristo morreu para devolver a dignidade do homem que havia se perdido e garantir-lhe uma Vida Eterna. Essa assertiva nos remete ao conceito da imortalidade que é inerente ao ser humano.

O estudo das religiões de diversos povos trouxe à luz o fato de que a crença na vida além da morte é comum a todos os homens e está presente entre todos os povos e tribos, mesmo as mais bárbaras e primitivas. Um estudioso holandês, que conquistou grande reputação nessa área do conhecimento, testemunhou, há alguns anos, que nós encontramos a noção de imortalidade em todos os lugares, entre todos os povos, e em todos os níveis de desenvolvimento social.

5.1- O Mistério da Vida Após a Morte

O fim e a consumação de todas as coisas, assim como seu começo e sua existência, são envolvidos em mistério impenetrável à razão humana. Quem quer que tente alcançar esses mistérios através da luz da ciência mais cedo ou mais tarde chegará à conclusão de que essa tentativa é inútil.

Novos empreendimentos são constantemente feitos em busca de uma resposta, até mesmo para desarraigá-la do coração do homem. A partir do Iluminismo muitos estudiosos assumiram essa posição. O materialismo proclamava que a morte era o fim de tudo e, crer na vida além da morte, era uma tolice. Um dos defensores declarou abertamente que, crer em uma existência além-túmulo era o último inimigo a ser combatido pela ciência e que, se possível, tinha que ser eliminada.

No entanto, a consciência de imortalidade se manifesta nas diversas formas de crença no mundo atual. Enquanto que, no Iluminismo, imaginou-se uma sociedade evoluída sem os ditames da religião, percebe-se, hoje, que o homem está cada vez mais supersticioso e espiritualista.

5.1.1- A Vida Após a Morte nas Religiões Não-Cristãs

A concepção de vida após a morte está descrita de diversas formas nas religiões do mundo não-cristão. Existe uma série de versões para explicar o mistério que cerca a vida além da morte. Uma coisa é certa, esse é assunto de interesse de todos.

Alguns povos afirmam que as almas permanecem com seus corpos nas sepulturas, que os mortos continuam a ter comunhão com os vivos, exercem influência sobre eles e podem também aparecer para eles. Outros creem que todas as almas, depois da morte, vão para um grande reino dos mortos no qual elas vivem em uma existência etérea, ou que caem completamente em um sono inconsciente. Também é muito difundido o pensamento de que as almas, depois de terem abandonado seus corpos, imediatamente encarnam em outros corpos e, dependendo do que tenham feito ou de como tenham vivido na terra, essas almas assumem o corpo de um vegetal, ou de um animal, de um ser humano ou de qualquer outra criatura.

Sabemos que essas ideias são apenas explicações para as perguntas latentes em cada ser humano, no entanto contrariam completamente o que nos diz a Palavra de Deus: "*E, como aos homens está ordenado morrerem uma só vez, vindo, depois disso, o juízo*" (Hb 9.27).

Todas essas representações pagãs, que foram subjugadas pelo cristianismo ou purificadas por ele, estão reaparecendo nos tempos modernos e encontrando seguidores aos milhares. Depois de algum tempo, o materialismo podia satisfazer algumas poucas pessoas. O homem continua o mesmo, seu coração não muda, e ele não pode viver sem esperança.

O misticismo exacerbado do pós-modernismo assegura que as almas continuam a viver depois da morte, que elas fazem revelações e aparições àqueles que ficaram para trás, que imediatamente depois da morte, dependendo de sua conduta anterior, elas assumem outro corpo e se desenvolvem nele. Tudo isso tem sido recebido hoje em muitos círculos como uma nova sabedoria, aliás, como a mais elevada sabedoria. Em alguns casos, as almas chegam a ser invocadas, cultuadas e temidas; o culto aos espíritos, também chamado de espiritismo, está ocupando o lugar do culto ao único e verdadeiro Deus.

5.1.2- A Vida Além da Morte e o Evolucionismo

A inquietude e a superstição do homem pós-moderno o têm levado a acreditar numa espécie de evolucionismo por meio da compreensão da vida além da morte. É particularmente notável o fato de que o culto aos espíritos está intimamente relacionado à doutrina da evolução.

À primeira vista, alguém pode pensar que essa ligação seja um tanto estranha. Como pode uma pessoa que aceita o desenvolvimento do homem a partir de um animal crer na contínua existência das almas depois da morte? Contudo, vista com atenção, essa ligação demonstra ser muito simples e natural, pois se no passado os seres vivos evoluíram a partir de seres inanimados, a alma evoluiu da matéria, e os seres humanos evoluíram a partir dos animais, por que então seria impossível que no futuro o ser humano se desenvolvesse muito mais não somente na terra, mas também do outro lado da sepultura?

Se a vida surgiu a partir da morte, imagina-se que a morte pode conduzir também a um nível de vida mais elevado. Se um animal pode tornar-se um homem, o homem pode também tornar-se um anjo. Essa ideia de evolução parece fazer com que tudo seja possível e parece poder dar explicações para todas as coisas.

O fato é que os proponentes da teoria da imortalidade e da evolução não queriam sequer ouvir a doutrina da Escritura referente à morte e à sepultura, referente ao julgamento e à punição. Para eles a morte não é uma punição pelo pecado, mas um meio de transição para uma vida melhor e mais elevada.

Não há julgamento na morte, exceto no sentido de que todos devem sofrer as consequências por aquilo que tenham feito. Não há lugar para um inferno, pois todos estão inseridos em um processo evolutivo e, portanto, mais cedo ou mais tarde, todos alcançarão o ápice do desenvolvimento.

5.1.3- A Vida Além da Morte na Concepção Cristã

Durante o seu ministério, Cristo enfatizou diversas vezes que a morte não é o fim de tudo. Essa concepção já estava preestabelecida na cultura judaica. Segundo Smith (2001), *"a ideia de uma vida após a morte é antiga mesmo no Antigo Testamento"*.

Por diversas vezes, Cristo interrompeu a morte trazendo à vida pessoas que já estavam a caminho do túmulo. Isso sem mencionar Lázaro, que já estava sepultado, havia quatro dias. A tônica da mensagem de Cristo acerca da vida além da morte baseava-se no seu próprio exemplo. Afinal, sua vida e ministério culminariam na sua crucificação. No entanto, apesar de ter sido morto, ao terceiro dia ressuscitou. Segundo o Apóstolo Paulo, mediante a ressurreição, *"Cristo foi feito as primícias dos que dormem"* (1 Co 15.20).

Após a ascensão de Cristo, os seus seguidores continuaram anunciando o Evangelho que propõe uma vida que transcende a dimensão terrena. A afirmação de que há uma vida além da morte tornou-se uma mensagem de consolo e esperança em meio a tantas perseguições e martírios. O que nutria a confiança daqueles cristãos corajosos era a certeza de que, ao deixarem essa vida, estariam junto de Cristo. Estevão, o primeiro mártir da igreja, ao ser apedrejado, antes de morrer viu a *"glória de Deus, e Cristo assentado a direita de Deus"* (At 7.55).

Os cristãos estavam cientes de que a ressurreição de Cristo assegurava-lhes a certeza de que todos que morressem por causa do Evangelho ressuscitariam para viver com Cristo. Podemos constatar nas palavras de Paulo aos Tessalonicenses: *"Não quero, porém, irmãos, que sejais ignorantes acerca dos que dormem, para que não vos entristeçais, como os demais, que não têm esperança. Porque se cremos que Jesus morreu e ressuscitou, assim também aos que em Jesus dormem Deus os tornará a trazer com ele. Porque o mesmo Senhor descerá do céu com alarido, e com voz de arcanjos* e *com a trombeta de Deus; e os que morreram em Cristo ressuscitarão primeiro;"* (Ts 4.13-14,16).

5.2- A Vida Eterna em Cristo

Apesar de os crentes serem participantes das bênçãos celestiais, sua condição após a morte ainda é, de certa forma, preliminar e imperfeita, pois seus corpos ainda estão na sepultura e ainda estão sujeitos à corrupção. A alma e o corpo ainda estão separados e não desfrutam das bênçãos celestiais unidos um ao outro.

Portanto, considerados em sua totalidade, os crentes, nesse período intermediário, ainda se encontram no estado de morte, assim como aconteceu com Jesus depois de Sua morte e antes de Sua ressurreição, embora Sua alma estivesse no paraíso. Os crentes, nesse estado, são considerados como aqueles que dormem em Cristo ou aqueles que morreram em Cristo, embora conscientes sua morte é chamada de sono (Jo 11.11).

Tudo isso nos mostra que o estado intermediário ainda não é o estado final. Sendo Cristo o perfeito Salvador, Ele não se contenta com a redenção da alma, mas efetua também a redenção do corpo. Após a ressurreição dos justos, seguem-se os acontecimentos finais que incluem as Bodas do Cordeiro, a entrada no milênio e o juízo final.

Depois do juízo final e do banimento dos ímpios, segue-se a renovação do mundo. As Sagradas Escrituras geralmente falam sobre isso em uma linguagem muito forte e nos diz que o céu e a terra desaparecerão como fumaça, e a terra envelhecerá como um vestido, e que Deus criará novo céu e nova terra. Contudo nós não devemos pensar em uma nova criação. É verdade que o presente céu e terra em sua forma atual passarão (1 Co 7.31) e que eles, como a antiga terra que foi destruída pelo dilúvio, serão queimados e purificados pelo fogo (2 Pe 3.6,7,10). Mas assim como o próprio homem é recriado por Cristo, e não aniquilado e criado novamente (2 Co 5.17), assim também o mundo em sua essência será preservado, embora em sua forma seja realizada uma mudança tão grande que eles possam ser chamados de novo céu e de nova terra. O mundo em sua totalidade também caminha para o dia de sua grande regeneração (Mt 19.28).

E nessa nova criação Deus estabelecerá Seu reino, pois Cristo já terá realizado toda a Sua obra como Mediador. Ele reinará para sempre como o Rei que colocou seus inimigos debaixo de Seus pés e que chamou à vida todos aqueles que lhe foram dados pelo Pai. De fato, mesmo depois disso, durante toda a eternidade Ele continuará sendo o Cabeça da Igreja (Jo 17.24; Ef 1.22). Sua obra de redenção chegou ao fim: Ele estabeleceu definitivamente Seu reino.

Questão para Reflexão

Uma das verdades fundamentais do Cristianismo é a afirmação de que Cristo morreu para devolver a dignidade do homem que havia se perdido e garantir uma vida eterna. Essa assertiva, não é absurda? Justifique sua resposta. A tônica da mensagem de Cristo acerca da vida além da morte baseava-se no exemplo de quem? Justifique sua resposta.

EVIDÊNCIA HISTÓRICA DA FÉ CRISTÃ

Nesta unidade, estudaremos as evidências históricas da fé cristã. Ao longo da história da humanidade, a ideia ou compreensão de Deus assumiu várias concepções em todas as sociedades e grupos já existentes, desde as primitivas formas pré-clássicas das crenças provenientes das tribos da Antiguidade até os dogmas das modernas religiões da civilização atual. Deus muitas vezes é expresso como o criador e Senhor do universo. Teólogos têm relacionado uma variedade de atributos para concepções de Deus, o que diretamente contribui para compreendermos os designos de Deus na história. Os mais comuns entre essas incluem onisciência, onipotência, onipresença, benevolência (bondade perfeita), imanência, zelo, sobrenatural, eternidade e de existência necessária, sendo esses atributos demonstrados através da história. No primeiro capítulo desta unidade, olharemos a interação de Deus na história nos aspectos gerais; no segundo capítulo, analisaremos as profecias cumpridas na história; no terceiro capítulo, avaliaremos a contribuição histórica do cristianismo; no quarto capítulo, estudaremos a historicidade de Cristo, e por fim, no quinto capítulo, comentaremos a singularidade da experiência cristã.

CAPÍTULO 1

A Interação de Deus na História

O homem é essencialmente um ser em comunicação. O ser humano sempre conviveu com a comunicação. O mundo foi criado pela Palavra. Quando Jesus veio ao mundo para um encontro definitivo, Ele foi chamado de Verbo (ou Palavra). Não existe sociedade sem comunicação. Não existe sequer a pessoa sem comunicação. Essa é uma marca do ser humano. Essa característica acabou por gerar, modernamente, os meios de comunicação de massa, por meio dos quais uma pessoa, ou um grupo de comunicadores, atinge milhões de pessoas ao mesmo tempo. Neste capítulo, estudaremos as características da comunicação divina e, em seguida, verificaremos que Deus é um ser que se comunica, veremos que o emissor divino toma a iniciativa de se comunicar com o receptor e que usa recursos diversos para se comunicar conosco e, por fim, analisaremos Deus e o enigma do mal.

1.1- Características da Comunicação Divina

A comunicação é um atributo divino compartilhado com o ser humano. Por diversas vezes na Bíblia vemos Deus se comunicando com sua criaturas (Gn 3.8,9;4.6; Ex 3; Js 1.1ss; At 9, etc). Aprendemos muito sobre o modo como Deus se comunica, formando muitas vezes um lamentável contraponto ao mundo humano de se comunicar. Se quisermos nos comunicar bem, devemos aprender do Grande Comunicador.

Aprendemos que os quatro elementos essenciais da comunicação são o emissor, o receptor, o meio e a mensagem. É a interação deles que constitui a comunicação. Os seres humanos estão sempre em busca de um receptor para lhe dizer algo através de algum canal. Podemos mudar os recursos tecnológicos, mas o modelo permanecerá o mesmo.

1.2- Deus é um ser que se comunica

Na Bíblia, mais especialmente em Êxodo 3, aprendemos esta primeira verdade: Deus se comunica. Ele não é, como querem acreditar alguns, um ser inalcançável e silencioso. Deus não se fechou em si mesmo, surdo e mudo, inefável e inacessível. A narrativa mostra esse Deus travando um diálogo com Moisés.

Há pessoas que tentam colocar uma mordaça na boca de Deus para Ele não falar. Essas pessoas se esquecem de que é da Sua natureza falar, relacionar-se, comunicar-se, apresentar-se. Essa é a natureza do ser humano, mesmo que alguns prefiram se isolar (fechar-se) em si mesmos. Quem procede assim está negando a imagem-semelhança de Deus. É claro que há riscos na comunicação. Deus mesmo participou inteiramente deles. Seus profetas não foram compreendidos. Seu Filho foi morto por propor um novo tipo de comunicação entre as pessoas e o Pai. Ainda que sejamos incompreendidos devemos comunicar as "Boas Novas" do Reino de Deus.

1.3- O emissor divino toma a iniciativa de se comunicar com o receptor

Mais que apenas se comunicar, o emissor divino toma a iniciativa de entrar em comunhão com o ser humano. Faz parte da sua perfeição relacionar-se com a imperfeição para transformá-la. Depois de ter criado o homem, Deus pretendeu estar sempre em comunicação com ele. No capítulo 3 de Êxodo, Moisés apascentava o rebanho de seu sogro, numa vida possivelmente pacata. No entanto, apareceu-lhe o Anjo do Senhor (v. 2) e então teve início uma revolução na vida do líder de ovelhas e vacas, que se tornaria o líder de uma nação emergente.

O emissor divino diminuiu de estatura para falar de igual para igual com o receptor humano. Ele faz sempre assim. O apóstolo Paulo nos diz (Fp 2) que, na encarnação, Deus se fez homem e, achado na forma de homem, chegou a ser morto como homem. O emissor divino converteu seu idioma indecifrável de Deus num idioma que Moisés pudesse entender: o hebraico. O emissor divino se despiu de sua glória majestosa e se transformou num anjo (isto é: mensageiro) para que pudesse ser ouvido. O emissor divino falou das necessidades de Moisés e do povo que iria libertar. Deus mesmo sendo transcendente, mais uma vez comunicou-se com uma de suas criaturas, fazendo-se ouvir para que pudesse ser compreendido.

1.4- O emissor divino usa recursos diversos para se comunicar conosco

Se pudéssemos resumir em três palavras os recursos essenciais da comunicação, diríamos que são a palavra, a imagem e a marca. São elas que nos seduzem. Chegamos aos outros por meio delas. Conhecedor de nossa natureza, o Grande Comunicador usa esses mesmos recursos. Na comunicação interpessoal, as vozes encontram os ouvidos e chegam ao cérebro e ao coração. Deus tem uma predileção especial pela palavra oral. Falando ele criou o mundo: "faça-se". Falando, ele criou o Homem. Ele falou por meio de anjos. Ele falou por meio de profetas. A fé, não por acaso, vem pelo ouvir. Deus fala e espera que o ouçamos. As palavras, por muitas vezes, podem se perder. Deus, entanto, usa as imagens. Num mundo de muitas vozes, imagens e marcas, somos convidados a escutar/ver/alcançar Aquele que se comunica.

1.5- Deus e o Enigma do Mal

O objetivo do estudo do enigma do mal (I Pe 5.8-11) é: saber que o mal não é uma realidade independente de Deus, que há um propósito divino em permiti-lo; que Deus tem o controle absoluto sobre ele, no tocante à sua origem, duração e intensidade, e providenciou meios para resistirmos a ele. Deus não é o autor do mal, mas permitiu que ele acontecesse para cumprir Seus propósitos no mundo até o momento em que o eliminará. Panorama bíblico: o texto de Pedro destaca nossa atitude diante dos ataques de Satanás. Ele é como um leão sempre procurando alguém para devorar. Então, qualquer descuido pode ser fatal. Pedro quis chamar a atenção para o estado de prontidão que os cristãos devem ter. Pedro diz que devemos resistir firmes na fé. O objetivo do diabo é nos fazer abandonar a fé, portanto, vencemos quando permanecemos firmes. Pedro diz que os cristãos no mundo precisam passar por isso. Mas ele garante que Deus irá completar sua obra em nós e até mesmo usar essas lutas e dificuldades para nos aperfeiçoar.

Numa visão superficial, parece fazer sentido crer que, se Deus criou tudo, e se o mal é real, Deus criou o mal. Mas isso não é verdade. Deus não criou coisas más, as coisas em si não são más. Quando Deus criou tudo, disse que todas as coisas da sua criação eram boas. Quando as pessoas exercem o livre-arbítrio, a capacidade de fazer uma decisão não compulsória entre duas ou mais alternativas, elas realizam seu potencial para o bem ou para o mal.

1.5.1- A Origem do mal

No mundo antigo, sempre se acreditou que havia um deus bom e um deus mau. Modernamente, essa crença denominada dualismo tem ressuscitado em muitos lugares, especialmente nos movimentos ligados à Nova Era. O dualismo identifica essas duas forças como iguais e dependentes uma da outra, como se uma completasse a outra. Esse conceito está muito longe de ser bíblico. De acordo com a Bíblia, Satanás não é igual a Deus. Deus é o único Soberano, Satanás é uma criatura rebelde de Deus. Não existe comparação, pois Deus é o Rei por excelência e Satanás não passa de um usurpador.

Algumas perguntas que podem ser feitas nos ajudam a pensar no assunto. De onde veio o mal se Deus é o criador de todas as coisas? É Satanás o criador do mal? Como ele teria criado o mal se ele próprio era bom antes de pecar? Para começar, um fato precisa ficar absolutamente claro: Deus não é o autor do mal. Seja qual for a resposta que dermos para a origem do mal, ela precisa necessariamente excluir Deus (Tg 1.16-17), pois se Deus fosse o autor do mal não poderia ser o Deus bom e justo no Qual cremos. Deus é o criador de todas as coisas, mas não é o criador do mal. Então, seria Satanás o criador do mal? Se Satanás fosse o criador do mal isso faria dele alguém que realmente está em competição direta com Deus. A verdade é: o mal não foi necessariamente criado.

Vemos estudiosos que apelam para a expressão de Isaías, onde Deus diz "*Eu formo a luz e crio as trevas; faço a paz e crio o mal; eu, o Senhor, faço todas estas coisas* (Is 45.7), como uma prova de que Deus é o autor do mal. O contexto da passagem em questão sugere que esse mal não se refere ao mal último, metafísico, mas uma situação específica, que, no caso dos judeus, seria a vinda dos caldeus contra a nação (Rm 9.16-18). O mal, nesse texto, refere-se mais a algo como a calamidade, e não ao pecado. O fato de a Escritura não dar explicação direta sobre a origem do mal, mas por outro lado mostrar o papel do mal, é uma indicação de que este último deve ser o foco da nossa atenção.

No texto de Isaías 45.7; a expressão *Crio o mal* não quer dizer que Deus seja moralmente responsável pela existência do pecado. Tudo o que os homens chamam de mal, desgraça, punição, infortúnios, dificuldades, são coisas que sobrevêm ao homem por causa do pecado no mundo, consequências de uma situação que Deus está pronto a sanar, se entregarmos os nossos caminhos a Ele, aceitando o castigo e a correção das Suas mãos. Deus age nos mínimos acontecimentos, e faz do mal surgir o bem, e finalmente livra os seus de todo o mal.

1.5.2- O propósito do Mal

No livro de Tiago (1.2-4 e 1.12-15), voltar ao por que da permissão de Deus para a origem do mal faz com que nos encontremos num terreno mais sólido. Porém não podemos imaginar que Deus permitiria algo que pudesse de fato arruinar Seus propósitos; nada colocou em risco o Seu grande projeto.

Uma das maneiras que Deus usa o mal é para testar Seu povo (Tg 1.2-4, 12-15). O teste é uma prova de qualidade. Todo produto que seja confiável precisa de pressão para confirmar sua resistência. Nós recebemos a pressão do inimigo como forma de teste. O ímpio devido sua desobediência ao Criador certamente sofrerá, pois está sobre o domínio do pecado e debaixo do senhorio de Satanás. Deus fará uma grande demonstração de Seu poder sobre seu maior inimigo quando o aprisionar definitivamente no lago de fogo. Deus já tem demonstrado Seu poder sobre Satanás hoje, resgatando as vítimas do império das trevas e trazendo-as a salvo para o Reino celestial. Ainda podemos dizer que, pelo fato de ter deixado que o mal se originasse, Deus criou a oportunidade de expressar ainda mais plenamente Sua graça e misericórdia. Esse caráter gracioso e misericordioso de Deus jamais teria sido demonstrado se o mal não tivesse se originado.

1.5.3- A Atitude Correta Frente ao Mal

Devemos ser equilibrados ao tratarmos do problema do mal, pois dois erros ocorrem e devem ser evitados: 1) Não dar qualquer importância ao mal; 2) Exagerar a importância do mal. Os expoentes da teologia liberal têm negado verdades bíblicas fundamentais, dentre elas a existência do diabo. Muitas igrejas na Europa e Estados Unidos foram contaminadas por esses falsos ensinos. O esvaziamento dessas igrejas é uma prova incontestável disso. Ignorar os desígnios do inimigo é praticamente decretar a vitória dele (II Co 2.11). Numa guerra, a pior coisa que pode acontecer é alguém ser pego de surpresa. Paulo fala dos desígnios de Satanás indicando a ideia de que ele tem metas definidas, estratégias elaboradas, um programa de ação e opções a serem aplicadas conforme as circunstâncias. Não podemos ignorar que, quando o inimigo é invisível, maior é o perigo.

Em muitos casos, a responsabilidade pessoal de cada um é minimizada, pois tudo o que acontece de ruim é atribuído ao diabo. Há uma verdadeira obsessão pelo diabo. É errado sacrificar o tempo do culto que deveria ser dedicado à adoração a Deus para promover uma luta contra o diabo. Equilíbrio, portanto, é necessário. Não devemos nem exagerar nem minimizar a importância do diabo. Seguir a Bíblia sempre será a melhor opção para não termos surpresas desagradáveis em nossa luta contra o mal (I Pe 5.8-9; Tg 4.7 e Ef 6.13). Resistência é a palavra de ordem.

Questão para Reflexão

Deus não é o autor do mal, mas a existência do mal segue os propósitos eternos de Deus? Em tempos tão confusos, relativos e sincréticos, precisamos destacar o absoluto antagonismo que há entre Deus e o diabo, entre o bem e o mal? A certeza da soberania do Deus bom garante que o mal será completamente eliminado da vida dos regenerados?

CAPÍTULO 2

As Profecias Cumpridas na História

A Bíblia nos diz que Deus é único e só Ele conhece o fim desde o princípio (Is. 46.9,10). Isso estabelece a profecia como um teste de algo vindo de Deus. Sabemos que os homens não podem profetizar sem Deus, do contrário, muitas pessoas utilizariam indevidamente esse poder. A profecia, ou a predição do futuro, é um teste bom para verificar se algo é de Deus, porque os seres humanos estão familiarizados com isso e conseguem entender qual profecia ultrapassa a razão humana e é de Deus. No decorrer da história, há profecias que trouxeram um impacto para o mundo no que concerne a fatos históricos de impérios e reis que surgiram. Por isso, neste capítulo, abordaremos as profecias relacionadas aos grandes eventos históricos que determinaram o surgimento de nações e impérios poderosos.

2.1- Profecias Relacionadas aos Grandes Eventos Históricos

Por volta de 550 a.C., enquanto estava no cativeiro Babilônico, Daniel fez uma profecia detalhada. Ele profetizou com exatidão os 400 anos seguintes da história que envolveu Israel. A profecia usa uma vívida ilustração de um carneiro com dois chifres – sendo um chifre mais comprido – dando marradas para o ocidente e para o norte e derrotando a todos. Então um "bode" com um único chifre grande surgiu de repente, furiosamente atacando o carneiro e quebrando os seus dois chifres e pisando nele (Dn. 8.1-14). As imagens continuam com o grande chifre do bode se quebrando no alto de seu poder e então sendo substituído por quatro chifres menores. Um chifre menor de um desse chifres cresceu em poder para o sul e para o oriente da "terra formosa", onde assumiria o controle do sacrifício contínuo do "Príncipe do exército" e tomaria conta do santuário.

Se a profecia parasse por ali, seria de pouco valor uma vez que a sua imagem é vaga e indefinida. No entanto, o anjo Gabriel interpretou precisamente a visão. Tudo isso foi escrito na época de Daniel, muito antes de os eventos acontecerem. Em Daniel, capítulo 8, praticamente 400 anos de história foram com precisão preditos: na época, o Império Babilônico estava no poder naquela região (Daniel estava no exílio na Babilônia quando essa profecia foi expressa).

2.1.1- O Império Medo-Persa

O carneiro corresponde claramente ao império dos medos e persas porque os dois chifres representavam, cada um, a Média e a Pérsia, e o maior simbolizava o poderio persa. Eles foram capazes de destruir todos os que se lhe opuseram, indo para o Oeste, o Norte e o Sul (v. 4). Isso incluiu a conquista da Babilônia, bem como a de outros reinos que ficavam a oeste da Pérsia. Em termos de história bíblica, o poder persa atingiu o seu triunfo mais significativo com a conquista da Babilônia, em 539 a.C.

2.1.2- O Império Grego

Claramente, Daniel afirma que o bode representava a Grécia, um pequeno e insignificante país naquela época, mas que estava destinado a dominar o Oriente Médio, por meio de Alexandre, o Grande. Ao invés de dois chifres, que seria o normal para um bode, havia apenas um, situado entre os olhos, identificado como "o primeiro rei" (v. 21). Toda a visão concernente à Grécia descrevia, mais apropriadamente, as conquistas de Alexandre, o Grande, que, com movimentos rápidos de suas tropas, conquistou todo o Oriente Médio e chegou a controlar parte da Índia. Conquistador algum antes dele jamais cobrira tanto território tão rapidamente. Assim, o fato de que na visão o bode apare- ce como que voando, sem tocar o solo, correspondia à rápida conquista de Alexandre, o Grande.

A predição de que o grande chifre, que representava Alexandre, o Grande, seria quebrado no auge de sua força, cumpriu-se literalmente na morte prematura desse grande conquistador, na Babilônia, enquanto ele e seus exércitos celebravam seu retorno da conquista dos territórios entre a Caldeia e a Índia. Alexandre, o Grande, morreu em 323 a.C., aos 33 anos de idade, um homem capaz de conquistar o mundo, mas incapaz de reprimir seus próprios impulsos.

Depois da morte de Alexandre, suas conquistas foram divididas entre quatro generais, indicados pelos quatro chifres. Cassandro recebeu a Macedônia e a

Grécia; Lisímaco ocupou a Trácia, a Bitínia e a maior parte da Ásia Menor; Seleuco assumiu a Síria e a área ao leste desse país, inclusive a Babilônia; Ptolomeu ficou com o Egito e provavelmente com a Palestina e a Arábia. Embora outro líder subordinado a Alexandre, chamado Antígono, desejasse ocupar o poder, foi facilmente derrotado. O fato de os territórios conquistados por Alexandre, o Gran- de, serem divididos em quatro partes, não em três ou cinco, foi mais um testemunho da exatidão profética de Daniel. A precisão é tão óbvia que eruditos liberais querem considerar as mensagens de Daniel uma história escrita depois dos fatos, por alguém que assumiu o nome de Daniel, sem ser o personagem do século VI a.C., descrito na Bíblia.

2.1.3- O Império Romano

A história ensina claramente que o poder mundial que seguiu ao terceiro império (O Império de Alexandre) foi o Império Romano. O pequeno chifre foi descrito por Daniel como crescendo em poder para o oriente e sul em direção à terra formosa (Israel) e por fim estabelecendo-se para ser tão grande quanto o "príncipe do exército", tirando o sacrifício contínuo e "lançando por terra" o santuário (vs. 9-11).

Daniel identifica o chifre pequeno como "um rei feroz de cara" que assumiria o poder na segunda parte do reinado dos "rebeldes ímpios" na terra. Esse rei se considera superior, ele foi descrito como destruindo "os poderosos e o povo santo". No final, ele seria "quebrado sem esforço de mãos humanas". Na história, esses eventos foram cumpridos com precisão. Os selêucidas (do norte) dominaram a Palestina. Um rei ímpio se levantou, Antíoco Epífano (o "pequeno chifre"do v. 9), que pôs fim à adoração judaica e ao sacrifício contínuo. Os judeus foram mortos por possuírem as Escrituras. Antíoco matou milhares de judeus que tentaram manter a adoração a Deus apesar dos decretos. Ele se considerava superior a todos os outros, e por isso consagrou novamente o Templo judeu ao deus Zeus e sacrificou um porco no altar, cumprindo, desse modo, a profecia de Daniel sobre o "santuário".

Todos os pontos da profecia de Daniel foram confirmados pela história, tanto pelos antigos escritos como pela arqueologia. Através dos anos, muitos usaram de profecia para prever algum acontecimento histórico, mas todas elas não passaram de palavras meramente humanas que não aconteceram, pois somente Deus conhece o futuro e conduz a história. Deus demonstrou pela sua sabedoria que é o nosso Deus sobrenatural. Não temos outra alternativa senão crer!

Questão para reflexão

O cristão deve estabelecer o cenário para uma discussão sobre as profecias, fazendo um teste para saber se veio de Deus? Os impérios antigos têm alguma contribuição para a história? Cite os impérios a respeito dos quais Daniel profetizou.

CAPÍTULO 3

A Contribuição do Cristianismo

Nas últimas décadas, tem-se tornado comum no mundo ocidental depreciar o cristianismo. Intelectuais, acadêmicos, escritores e articulistas de renome costumam se referir à fé cristã de forma desairosa e depreciativa. Infelizmente, com frequência muitos críticos estão dentro das fileiras do próprio cristianismo. É considerado politicamente incorreto falar mal de outras religiões, como o islamismo, o budismo e o hinduísmo, que estão muito em voga na Europa e nas Américas, mas não se vê nenhum problema em condenar o movimento cristão. Alguns pensadores ateus, autores de best-sellers, têm defendido explicitamente a extinção pura e simples do cristianismo. Segundo afirmam, seria desejável que todas as religiões deixassem de existir, mas na realidade eles têm em mente antes de tudo a fé cristã, a tradição religiosa predominante no Ocidente.

Além de preconceituosa, essa atitude é profundamente injusta do ponto de vista histórico. Os próprios cristãos reconhecem que sua trajetória ao longo dos séculos não está isenta de dolorosos problemas. As cruzadas, o antissemitismo, a Inquisição, as guerras religiosas e a escravidão nas Américas são manchas tristes na experiência da igreja, falhas que os cristãos conscienciosos lamentam profundamente. É preciso lembrar esses fatos continuamente para que eles não voltem a se repetir.

Todavia, as contribuições e os benefícios que o cristianismo legou ao mundo são muito mais marcantes e numerosos que os seus erros, como o estudo desapaixonado da história demonstra de maneira conclusiva. Alguns desses benefícios não foram generalizados nem contínuos, tendo ocorrido mais em algumas épocas e lugares do que em outras. Neste capítulo, estudaremos a contribuição histórica do cristianismo no aspecto cultural, educacional, e analisaremos a sua contribuição religiosa e ética.

3.1- A Contribuição histórica

O cristianismo é a principal tradição cultural do mundo ocidental, o mais importante fator na formação histórica da Europa e das Américas. Assim sendo, a influência cristã permeia todos os aspectos da vida desses continentes e suas nações. Caso prevalecesse a tese dos autores que defendem a extinção do cristianismo, por uma questão de coerência vastas mudanças teriam de ser feitas na vida social desses povos. Por exemplo, o calendário teria de ser trocado por outro - a semana de sete dias, os termos "sábado" e "domingo" ("dia do Senhor") e a contagem dos anos (como 2016) não mais faria sentido, porque todos têm origem cristã ou judaico-cristã. Algumas das celebrações e festividades mais apreciadas pelas pessoas (Natal, Páscoa, Dia de Ação de Graças) teriam de ser eliminadas. Milhões de pessoas teriam de mudar seus nomes de origem cristã, inclusive muitos ateus. O mesmo aconteceria com um imenso número de designações de cidades, logradouros e pontos geográficos. Os idiomas, a música, o folclore, as tradições e outros elementos seriam profundamente afetados.

Mas existem questões mais importantes. Olhando para a história antiga e recente, percebe-se o enorme impacto humanizador e civilizador do cristianismo. Desde o início da era cristã, houve uma grande preo- cupação com a dignidade da vida humana, que se traduziu no combate a práticas degradantes como o aborto, o infanticídio e as lutas de gladiadores. O cristianismo valorizou a criança, a mulher, o idoso, o casamento e a vida familiar. Embora no início os cristãos tenham mantido a escravidão que existia no Império Romano, a fé cristã continha valores que levaram à gradual extinção desse mal. Tem sido imenso, ao longo do tempo, o esforço dos cristãos em socorrer os pobres, doentes e desamparados de toda espécie, através de um sem-número de iniciativas e instituições humanitárias. Até hoje, tanto em tribos indígenas e populações carentes como entre povos adiantados, a contribuição cristã nessas áreas se faz notar de modo saliente.

3.2- A Contribuição Cultural

Sem desprezar as magníficas contribuições das antigas civilizações grega e romana, foi principalmente o cristianismo que moldou a vida dos povos ocidentais como os conhecemos hoje, além de exercer grande influência positiva na África e na Ásia. À medida que a fé cristã se expandia, elevou o padrão de vida dos povos que deram origem às nações europeias.

O cristianismo deu uma contribuição inigualável em outras áreas significativas, notadamente em séculos recentes. Alguns exemplos no âmbito político são o governo representativo, a separação dos poderes, a expansão da democracia e a ampliação dos direitos e liberdades civis. As convicções cristãs permitiram a ascensão econômica do homem comum, gerando prosperidade para famílias e povos. Outra área de atuação foi a ciência, não só pelo fato de que a maior parte dos cientistas ao longo da história têm sido cristãos, mas de que o cristianismo, com sua visão de um mundo ordenado e sujeito a leis fixas, porque foi criado por Deus, possibilitou o próprio surgimento da ciência. E que dizer das contribuições nos campos da literatura e da arte.

3.3- A Contribuição para a Educação

Muitos idiomas foram transcritos pela primeira vez por missionários cristãos, para que as pessoas pudessem ler a Bíblia. Isso ainda acontece. Muitos idiomas tribais estão sendo codificados por cristãos espalhados pelo mundo. A ideia de educação para todos veio diretamente da Reforma, apesar de tentativas de uma reforma educacional antes do século XVI.

A invenção da tipografia ajudou a preparar o caminho. Desenvolvimento monumental no campo de aprendizado humano, a tipografia nasceu com a impressão da Bíblia por Gutemberg. Apesar de Johannes Gutemberg (1398-1468) não ter sido o primeiro ocidental a desenvolver uma prensa de tipos móveis, foi o primeiro a fazê-la de forma a possibilitar a produção de livros em larga escala.

A contribuição cristã na área da educação tem sido das mais destacadas. Durante séculos, as únicas escolas que existiam estavam ligadas à igreja. Muitos povos, ao serem evangelizados, receberam simultaneamente a escrita e a alfabetização, como ocorreu entre os eslavos, na Europa oriental, e em muitas nações africanas. A Bíblia, traduzida para as línguas desses povos, tornou-se importante nesse processo. As primeiras universidades (Paris, Bolonha, Oxford) e muitas outras surgidas mais tarde (Harvard, Yale, Princeton etc.) foram criadas por cristãos.

3.4- A Contribuição Religiosa e Ética

Os legados mais valiosos do cristianismo ao mundo são a vida e os ensinos de seu fundador, registrados no Livro dos Livros. Jesus Cristo, o carpinteiro de Nazaré que os cristãos consideram o próprio Filho de Deus encarnado, proferiu algumas das palavras mais belas, sublimes e cativantes que se conhecem na história humana. Ele falou das coisas transcendentes e eternas de modo simples e acessível a qualquer indivíduo. Os valores que ensinou, como o amor, a compaixão, o altruísmo, a integridade, a veracidade e a justiça, têm trazido benefícios incalculáveis ao mundo. Todavia, ele não se limitou às palavras e conceitos, mas exemplificou em suas ações as verdades que buscava transmitir. Por fim, deu sua vida na cruz para cumprir cabalmente a missão de que estava incumbido. Desde então, seu ensino e exemplo têm inspirado e transformado milhões de pessoas em todos os recantos do mundo, além de ter induzido mudanças radicais nos mais diferentes aspectos da sociedade. Sem Cristo e seu grandioso legado, o mundo certamente seria um lugar muito mais sombrio, triste e desesperançado. Essa é a tese de D. James Kennedy em seu livro "E se Jesus não Tivesse Nascido?" (Editora Vida, 2003). Não se pode negar que muitos não-cristãos têm dado contribuições relevantes à sociedade. Os cristãos não têm dificuldade com isso, porque entendem que Deus atua em toda a criação e que Sua imagem, ainda que desfigurada, está presente em todos os seres humanos. Todavia, as alternativas de um mundo sem fé e sem cristianismo podem se tornar aterrorizantes.

Ao afirmar todas essas realidades em defesa do cristianismo, destacando os elementos construtivos de sua herança milenar, é preciso acrescentar que os cristãos não têm motivos para se entregar ao ufanismo triunfalista. O cenário cristão contemporâneo tem dificuldades que deveriam produzir em seus fiéis um forte senso de humildade e contrição. As rivalidades, incoerências, mediocridades, extremismos e outras distorções existentes em muitas igrejas e grupos cristãos são amiúde as causas da atitude beligerante mencionada no início deste capítulo.

Questão para Reflexão

Há a necessidade de se fazer uma distinção entre as estruturas de poder, as instituições humanas, a religiosidade meramente nominal e cultural, e o cristianismo genuíno ensinado por Cristo e seus apóstolos? Se os cristãos retornarem continuamente aos fundamentos de sua fé, eles poderão continuar a proporcionar ao mundo e à sociedade os mesmos benefícios oferecidos por seus antecessores?

CAPÍTULO 4

A Historicidade de Cristo

No mundo em que vivemos, o pluralismo religioso, a extrema valorização da religiosidade de cada povo como fenômeno cultural, o crescente contato entre os povos e o intercâmbio entre pessoas de diversas culturas vêm fazendo surgir diferentes respostas quanto à historicidade de Cristo. Na prática, parece que a mentalidade moderna não admite mais a concepção de que o Cristianismo tem a resposta para os desafios da humanidade. Mas nosso sentimentalismo e todas as influências da globalização nos impedem de fazer tal afirmação. O ensino do cristianismo afirma que a morte e a ressurreição de Jesus Cristo são fatos históricos. Paulo declara que se Cristo não tivesse ressuscitado dos mortos, então o cristianismo seria simplesmente falso (1 Co 15.12- 15). Neste capítulo, verificaremos a vida e a obra de Jesus, a historicidade da ressurreição e estudaremos também as fontes secundárias que favorecem a historicidade de Jesus.

4.1- A vida e a Obra de Jesus

Um dos maiores problemas da ciência pós-moderna é o de procurar e não encontrar o centro do universo, aquilo que justifica e une todas as forças da natureza. Os filósofos pensam que todas as coisas são relativas, e muitos teólogos proclamam um pluralismo ideológico fundado na crença de que nenhum ponto de vista religioso deve se considerar melhor do que outros. Mas nós, os cristãos, que abraçamos a fé apostólica e evangélica, sempre afirmamos e continuamos a afirmar a centralidade da pessoa e obra de Jesus Cristo em toda a ordem da criação.

O Cristianismo é único entre todas as religiões da terra, e a razão da sua singularidade está na figura histórica do seu centro: Jesus Cristo. O hino com que abre o Evangelho segundo João proclama esta verdade: *"todas as coisas foram feitas por Ele..."* (1:3). Proclama-a também o grande hino de Paulo na carta aos Colossenses, que diz: *"todas as coisas foram criadas por Ele, nos céus e na terra, as visíveis e as invisíveis, as forças espirituais, os domínios, as autoridades e os poderes. Tudo foi criado por Ele e para Ele... É Ele que dá consistência a tudo o que existe" e é por meio dele que se fará "a reconciliação consigo mesmo de tudo o que existe no universo"* (1:16-17, 20).

Conforme afirma e sustenta o apóstolo João, aquele que é o centro do universo é *"a Palavra que se fez carne e habitou entre nós"* (1:14). E Paulo acrescenta: Esse Jesus, *"que por natureza era Deus,... se fez homem, viveu como homem, se humilhou a si mesmo, e obedeceu até a morte"*, é o mesmo Cristo perante o qual *"todo o joelho se dobrará, no céu, na terra e debaixo da terra, e toda a língua confessará que Jesus Cristo é o Senhor para glória de Deus Pai"* (Fl 2:6-11).

4.1.1- O Jesus histórico

O Jesus histórico e o Cristo da fé são a mesma pessoa. Importa desmascarar o mito ideológico da sua separação; o mito que a suposta investigação moderna reinventou. Sim, Jesus Cristo é o nosso único Senhor, Salvador e Mediador, como também é o supremo exemplo das nossas vidas. É necessário que todos reconheçam que Jesus Cristo é Senhor, e que é por Ele que passa a redenção do universo, incluindo todas as estruturas da existência. Pois, como escreve o apóstolo Paulo aos Colossenses, *"aprouve a Deus por Jesus Cristo reconciliar consigo mesmo todo o universo, na terra como nos céus, havendo feito a paz pelo seu sangue, derramado na cruz"* (1:20). O resultado da obra de Cristo é que o reino de Deus se manifestou e está entre nós. O reino de Deus era o tema central da sua mensagem; um reino que encarna três grandes verdades: Cristo é o Rei e Senhor de todas as coisas; nós, que O confessamos como único Salvador, Mediador e Senhor, somos os seus súditos; a área territorial do seu domínio é a nossa vida e o universo inteiro. É esse o Verbo que se fez carne, que morreu, foi sepultado e ressuscitou; que pelo Espírito está presente na igreja, que voltará pela segunda vez para consumar a obra do seu Reino e para viver sempre conosco ao seu lado em novos céus e nova terra em que habita a justiça e em que a paz jamais será quebrada.

4.2- A Historicidade da Ressurreição

Apresentaremos alguns dos fatos relevantes à ressurreição. Pode-se localizar geograficamente onde o evento sucedeu; o homem que possuía o túmulo era uma pessoa que vivia na primeira metade do primeiro século; aquele túmulo foi escavado na rocha, e não foi um túmulo imaginário, mas foi algo com significado geográfico. Conforme podemos ler, Jesus foi um ser vivo, um homem entre outros homens; os discípulos que saíam para pregar o Senhor ressurreto comiam, bebiam, dormiam, sofriam, trabalhavam, morriam, e essa é uma questão histórica.

Jesus de Nazaré, um profeta judeu que proclamou ser o Cristo profetizado nas Escrituras Judaicas, foi preso, julgado como um criminoso político e crucificado. Três dias depois da sua morte e enterro, algumas mulheres que foram ao seu túmulo descobriram que o corpo tinha desaparecido. Os seus discípulos afirmaram que Deus o tinha ressuscitado dos mortos e que lhes tinha aparecido várias vezes antes de ascender para os Céus. Nessa base, o Cristianismo espalhou-se por todo o Império Romano, e tem continuado a exercer uma grande influência através dos séculos.

Os testemunhos da ressurreição no Novo Testamento circularam enquanto viveram as pessoas que estavam presentes na ressurreição. Essas pessoas podiam confirmar ou negar a veracidade dessas narrações. Aqueles que escreveram os quatro Evangelhos foram testemunhas pessoais dos fatos ocorridos ou relataram as narrações de testemunhas oculares. Ao advogarem o caso para o Evangelho, os apóstolos apelavam (mesmo quando enfrentavam os seus adversários mais seve- ros) para o conhecimento corrente da ressurreição. F. F. Bruce, professor de crítica bíblica e exegese na Universidade de Manchester, diz, quanto ao valor dos registros no Novo Testamento como informação de primeira mão: "Se tivesse havido alguma tendência para se afastar dos fatos, a possível presença de testemunhas hostis na audiência teria servido como forte correção".

Os seguidores de Jesus disseram que Ele tinha ressuscitado dos mortos. Informaram que Ele lhes tinha aparecido durante um período de 40 dias, apresentando-se claramente, através de muitas "provas infalíveis". Paulo, o apóstolo, conta que Jesus apareceu uma vez a mais de 500 dos seus seguidores e a maior parte deles ainda se encontrava viva e podia confirmar o que Paulo escreveu.

Como podemos explicar o caso do túmulo vazio? Cremos, baseados em abundantes evidências históricas, que Jesus ressuscitou corporalmente pelo poder sobrenatural de Deus.

A ressurreição de Cristo é a base do Cristianismo, e isso é assim tanto por razões dogmáticas como por causa das provas, pois ela tem capacitado as pessoas a crerem na exaltação oficial de Jesus sobre a humanidade. Não é uma simples questão acerca da influência de Seu caráter, exemplo e ensino. Essa entrega pessoal a Ele como Redentor tem sido estimulada por essa crença, e não pode ser explicada sem ela.

4.3- Fontes Secundárias que favorecem a Historicidade de Jesus

Além das Sagradas Escrituras, podemos contar com outras provas, várias fontes, além do Novo Testamento, que fazem menção a Jesus. São consideradas fontes secundárias porque não se baseiam em testemunho pessoal dos acontecimentos da vida de Cristo. Mesmo assim, tem seu valor porque comprovam a existência de Jesus, e confirmam o registro básico da vida de Jesus, documentado no Novo Testamento.

Citaremos algumas fontes secundárias a seguir:

4.3.1- Flávio Josefo (37-100 a.D.)

Historiador judeu, Josefo tornou-se fariseu aos 19 anos de idade; no ano 66 estava comandando as forças judaicas na Galileia. Excetuando o Novo Testamento, o mais antigo depoimento sobre Jesus que sobreviveu até hoje é o do escritor judeu Flávio Josefo. Disse ele: "Havia por esses dias um homem sábio, Jesus, se é que é lícito chamá-lo de homem, pois operava maravilhas - mestre de homens que acolhiam a verdade com prazer. Atraiu a si muitos judeus como também muitos gentios". E continua declarando:

> "Ele era Cristo; e havendo Pilatos, por sugestão dos principais do nosso meio, o sentenciado à cruz, aqueles que antes o amavam não o abandonaram, pois apareceu-lhes vivo novamente ao terceiro dia. Isto os profetas Divinos haviam predito, bem como dez mil outros fatos maravilhosos a seu respeito; e a tribo dos cristãos, de quem tomam emprestado o nome, sobrevive até hoje".

Questiona-se a exatidão dessa passagem, porque Jesus é mencionado como o Messias (o Cristo). Inteiramente autêntica ou não, ela é testemunho de que Jesus existiu.

4.3.2- Talo, o Historiador Samaritano

Talo (52 a.D.) é um dos primeiros escritores gentios a mencionar Cristo. Talo foi um historiador samaritano cujos manuscritos não subsistiram até os nossos dias, pois se perderam e deles temos conhecimento só através de pequenas citações feitas por outros escritores. Porém outro escritor - Júlio Africano (221 a.D.) - cita os escritos de Talo, dizendo que este tentou dar uma explicação satisfatória do período de três horas de escuridão que ocorreu durante a crucificação de Cristo: "Talo atribuiu, no terceiro livro de suas histórias, essa escuridão a um eclipse solar no meu entender é um absurdo." A tentativa de Talo de explicar o período de três horas de trevas comprova que tal evento ocorreu. Sua explicação física é inadmissível porque Cristo morreu na época da Páscoa, quando era lua cheia, e não pode haver eclipse solar em período de lua cheia.

4.3.3- A Carta de Mara Bar-Serapion (após 73 a.D)

O museu Britânico possui em seu acervo uma carta escrita no primeiro século a.D. por um pai ao filho que estava preso. O pai faz uma comparação entre as mortes de Sócrates, Pitágoras e Jesus:

> "O que os judeus ganharam executando seu sábio Rei? Logo após esse fato o reino deles foi destruído... Mas Sócrates não morreu de vez; continuou vivo nos ensinamentos de Platão. Pitágoras não morreu de vez; continuou vivo na estátua de Hera. Tampouco o sábio Rei morreu de vez; continuou vivo nos ensinamentos que transmitiu".

4.3.4- Plínio, o Moço (112 a.D.)

Plínio, o Moço, era governador da Bitínia. Escreveu uma carta ao Imperador Trajano, na qual dizia ter matado grande número de cristãos. Disse a respeito deles:

> "Tinham o hábito de se reunir em dia determinado antes do amanhecer; cantavam um hino a Cristo, em estrofes alternadas, como se fosse a um deus, e faziam o juramento solene de não praticar o mal e nunca negar a verdade quando interpelados".

As mais recentes enciclopédias empregam palavras para descrever a pessoa de Jesus, as quais ocupam mais espaço do que as descrições dos principais filósofos, reis e fundadores de religiões. Esses relatos independentes acima comprovam que nos tempos antigos até mesmo os adversários do cristianismo jamais duvidaram da historicidade de Jesus.

Questão para Reflexão

Jesus disse que o Reino dos céus é como uma semente de mostarda, que é minúscula, mas quando cresce serve de abrigo e de descanso para muitos pássaros. Essa parábola certamente se aplica a uma pessoa que segue a Cristo. Será que estamos levando esses ensinos àqueles que não acreditam na historicidade de Cristo? Por quê?

A Singularidade da Experiência Cristã

O que chamamos de singular, único, na fé cristã não é o número de adeptos nominais, nem sua mensagem de amor, nem sua história heróica, nem a relação entre defeitos e virtudes. Muito menos seu clamor de ser "a verdade". Mas a resposta que dá às grandes questões da vida. Deus é de tal forma "Santo" que seu nome não é pronunciável. Introduziu-se a Moisés como "Eu sou", ou "Eu sou aquele que sou". Nada mais era necessário ser conhecido a respeito de sua identidade que não Suas autossuficiências, radical santidade e atemporalidade. Não lhe deu maiores explicações, mas uma tarefa. Uma vez cumprida, apresenta a proposta de um pacto para com aqueles que libertara, como cumprimento da promessa feita aos patriarcas.

Com a vinda de Jesus, Ele trouxe libertação das consequências eternas do pecado e promete aos que o seguem, felicidade, harmonia e paz para que enfrentem os desafios cotidianos. Neste capítulo, estudaremos a singularidade da experiência cristã, a sua importância e o seu significado; verificaremos a universalidade da experiência cristã; abordaremos o testemunho da experiência cristã na evangelização; analisaremos quais são os desafios da experiência cristã para os dias atuais, e, por fim, ressaltaremos a grande verdade que permanece através de toda a história.

5.1- A Experiência Cristã

A experiência cristã é a condição que se demonstra na natureza mental, moral e espiritual no homem, através da ação sobrenatural do Espírito Santo, como resultado de um relacionamento pessoal com Cristo. A experiência cristã tem que ser relevante em todas as áreas da vida humana. O cristianismo fracassa se não puder ser aplicado à vida na terra. Através de Cristo, indivíduos têm sido transformados e têm começado a viver o tipo de vida que Ele exemplificou, têm surgido movimentos na sociedade, os quais têm tornado possível aquilo que a humanidade crê ser o melhor para ela com reflexos na transformação interior das vidas humanas. Jesus é o acontecimento mais importante na vida do homem através da sua influência, tornando-se essencial à vida humana.

A razão da experiência cristã é a pessoa de Jesus Cristo. Esse fato distingue o cristianismo de todas as demais religiões, pois é somente o cristianismo que proporciona uma fonte nova de poder para viver. A fé dos cristãos não é uma invenção filosófica produzida pela mente humana, mas uma realidade histórica e física.

5.2- A importância da Experiência Cristã

O Deus do cristianismo não é um Deus imperceptível, desconhecido, mas que possui atributos e características específicos, os quais são revelados nas Sagradas Escrituras. Os cristãos podem crer que seus pecados foram perdoados porque o perdão foi alcançado mediante a morte de Cristo na cruz, tendo a certeza de que Ele vive dentro de nós porque ressuscitou dos mortos. O poder do evangelho se evidencia através de milhares de pessoas que são transformadas oriundas de todos os níveis e procedentes de várias nações no mundo; suas transformações são de maneira impressionante e parecidas, pois experimentam paz e alegria pelo fato de se entregarem a Cristo.

5.3- O Significado da Experiência Cristã

O maior testemunho de todos é a vida daqueles cristãos primitivos. Nós devemos nos perguntar: o que os levou a ir a toda a parte para anunciar a mensagem da ressurreição de Cristo? Se tivesse havido alguns benefícios visíveis, que os recompensassem dos seus esforços, tais como prestígio, riqueza, subida de posição social ou benefícios materiais, nós poderíamos logicamente tentar explicar as suas ações e a entusiástica e total consagração a esse "Cristo ressuscitado". Entretanto, como recompensa dos seus esforços, esses cristãos foram espancados, apedrejados, torturados, crucificados, e todos os métodos possíveis foram usados para impedir esses homens de falarem.

No entanto, eles eram homens pacíficos, nunca impunham pela força as suas crenças, a afirmavam até a morte, muitos foram atirados aos leões. Mas, deram as suas vidas como prova máxima da sua inteira confiança na verdade da sua mensagem. Um crente em Jesus Cristo pode ter, nos dias de hoje, inteira confiança como esses primeiros cristãos tiveram, pois a sua fé é baseada, não em mitos ou lendas, mas sim no sólido fato histórico da ressurreição, e do túmulo vazio. Ainda o mais importante, é que cada crente pode experimentar hoje o poder de Cristo ressuscitado em sua vida. Primeiramente, pode saber que os seus pecados estão perdoados. Em segundo lugar, ele pode estar certo da vida eterna e da sua própria ressurreição dos mortos. E por fim, ele pode ser libertado de uma vida vazia e sem significado, e ser transformado numa nova criatura em Jesus Cristo.

5.4- A Universalidade da Experiência Cristã

Um grande número de pessoas que confessam a Cristo são parecidas, não importa o local, a época, o ambiente. Elas confirmam que Cristo satisfaz as mais profundas necessidades mentais e espirituais de todas as idades, raças e nacionalidades do gênero humano. Nós, cristãos, sentimos e temos as mesmas experiências, não apenas dizemos as mesmas coisas, mas temos os mesmos sentimentos e a mesma consideração. Por esses motivos, devemos afirmar as certezas da experiência cristã, ficando claro que o conteúdo da fé cristã a torna diferente de qualquer outra religião. Em todo o mundo, um número enorme de conversões e vidas transformadas através de testemunhos apresenta- dos por homens e mulheres dos mais diferentes contextos demonstra a unidade da experiência cristã. Embora cada um tenha uma formação, uma profissão ou uma cultura diferente, ainda assim cada um aponta para o mesmo objetivo que é ter sua vida transformada através do poder de Jesus Cristo. Se multiplicarmos esses testemunhos, veremos o impacto que Cristo tem tido no mundo nos últimos séculos.

5.5- O Testemunho da Experiência Cristã na Evangelização

O testemunho é algo muito bonito e bíblico. Geralmente é espontâneo: depois de encontrar-se com Deus ou ter recebido alguma bênção, o crente não consegue ficar calado. O salmista mostra-se encantado quando escreve: "*Venham e ouçam, todos vocês que temem a Deus; vou contar-lhes o que ele fez por mim*" (Sl 66.16). Paulo contou a sua experiência de conversão à multidão que desejava linchá-lo em Jerusalém (At 22.1-21) e ao rei Agripa, ao governador Festo, a altos oficiais e a homens importantes em Cesareia (At 26.4-32).

Na evangelização, o testemunho da experiência cristã é fundamental. Quem não vive o que diz crer e o que anuncia deve calar-se, pois a sua pregação teria, na verdade, um efeito negativo. A evangelização depende em grande parte da capacidade e das virtudes do evangelizador, que deve ser fiel e merecer credibilidade, deve levar consigo a força e a capacidade do profeta, deve acolher e viver em si mesmo a mensagem que anuncia, deve saber amar o homem que, através da mensagem, Deus quer salvar.

Jesus, antes de enviar os doze para pregar o evangelho e curar os doentes (Lc 9.1-6), antes de enviar os setenta *"a todas as cidades e lugares para onde ele estava prestes a ir"* (Lc 10.1) e antes de enviar os discípulos pelo mundo todo para pregar o evangelho a todas as pessoas (Mc 16.15), disse-lhes claramente: *"Vocês são o sal para a humanidade; mas se o sal perde o gosto, deixa de ser sal e não serve para mais nada [senão para ser] jogado fora e pisado pelas pessoas que passam"* (Mt 5.13, NTLH). Jesus reforça o papel do testemunho, acrescentando: *"Vocês são a luz para o mundo"* e essa luz *"deve brilhar para que os outros vejam as coisas boas que vocês fazem e louvem o Pai de vocês que está no céu"* (Mt 5.14,15, NTLH). O que somos (por dentro e por fora) e o que fazemos pesa muito mais do que anunciamos verbalmente. Precisamos ser o que Jesus foi: *"Enquan- to estou no mundo, sou a luz do mundo"* (Jo 9.5).

Paulo reforça o discurso de Jesus e diz que nós somos o bom perfume de Cristo: *"Como um perfume que se espalha por todos os lugares, somos usados por Deus para que Cristo seja conhecido por todas as pessoas"* (2 Co 2.15, NTLH). Na mesma epístola, Paulo insiste mais uma vez na eficácia do testemunho: *"A única carta [de apresentação] que eu necessito, são vocês, vocês mesmos! Só em ver a boa mudança em seus corações, todos podem ver que nós fazemos uma obra de valor entre vocês"* (2 Co 3.2).

Sendo o testemunho cristão o elemento primordial de evangelização, é condição essencial para a verdadeira eficácia da pregação que esteja sempre presente na vida daqueles que afirmam ter vivenciado uma experiência cristã.

5.6- Os Desafios da Experiência Cristã

Há um só critério para a verdade: é a imutável Palavra de Deus, que vem de um Deus imutável. Ele nunca muda ou necessita "evoluir" (Tg 1.17). Estrategistas globais veem a unificação do planeta como algo mais importante que o Cristianismo Ortodoxo, ou convicções espirituais baseadas sobre as Sagradas Escrituras. Deixamos aqui uma palavra de alerta: os verdadeiros cristãos precisam estar atentos a que os estrategistas globais estão falando sobre a nossa sociedade em geral. Ideias sutis: unidade-em-diversidade, a nova família nuclear, livros que apresentam novos conceitos sobre a família e a vida em ensinos que ameaçam os pilares da nossa fé.

A questão superior dos séculos permanece a mesma. Quem é Jesus? (Lc 9.20). Sobre a resposta a essa indagação depende a sobrevivência da nossa fé e a da Igreja cristã. Agora é a hora para todos os crentes, apologistas cristãos, desde o mais simples crente até o mais ilustre intelectual, ficarem firmemente resolutos em defender as suas convicções sobre Jesus como o verdadeiro Deus (Mt 16.15,16;), o divino e único salvador da humanidade. Cada crente tem o dever de *"santificar a Cristo como o Senhor em seu coração e estar sempre preparado para responder a todo aquele que vos pedir a razão da vossa fé"* (I Pe 3.15).

Agora está aparecendo um novo gênero, uma nova classe de "intérpretes bíblicos" que é mais perigosa devido a cobertura e difusão que recebem da mídia. Afirmamos que apesar de toda exposição que o "Evangelho" tem tido através da mídia, em muitos casos, as verdades de Deus não têm sido expostas de maneira correta. Muitos desses mestres midiáticos tem desprezado a correta interpretação da Bíblia, distorcendo-a a seu bel prazer. O resultado disso tem sido uma geração de cristãos superficiais, pragmáticos e antropocentricos. Precisamos estar atentos para defendermos a autenticidade da Palavra de Deus.

5.7- Uma grande verdade que permanece através de toda a história

Esta verdade é a primazia do nome de Jesus: Jesus Cristo é o começo, o centro e será o fim de toda a história do mundo. As Escrituras declaram que seu nome está acima de todos os nomes (Fp 2.9-11). Ele mesmo alegou ser Deus (Jo 8.58; 10.30), e suas alegações não têm mudado. Ele é o que declarou ser: *"Eu sou o Caminho e a Verdade, e Vida"* (Jo 14.6). *"Eu sou a Luz do mundo, e quem me segue não andará em trevas, pelo contrário, terá a luz da vida".* (Jo 8.12). Mas diz a Bíblia em Jo 3.19 *"... que a luz veio ao mundo, e os homens amaram mais as trevas do que a luz, porque as suas obras eram más".*

Atualmente há multidões que rejeitam Cristo, a verdadeira Luz, e preferem andar nas trevas de impiedade e desobediência. Alguém tem falado que parece haver uma maquinação, uma trama e intriga para silenciar Jesus, para tirá-lo fora da cena religiosa, mas Ele está presente, pois até os calendários do mundo ditam desde o nascimento de Cristo, bem como os jornais, documentos dos cartórios, passaportes, certificados de nascimento, contratos de todo tipo de negócios etc. Lembremos: nenhuma outra figura da história tem ganhado essa honra, somente Jesus Cristo. Ele está presente em todo o mundo, querendo os homens conhecê-lo ou não.

Têm aparecido novas teologias que proliferam cada vez mais com suas doutrinas falsas, sua literatura insidiosa que procura tirar Jesus fora da religião e colocá-lo numa posição bem inferior. Muitas querem silenciar totalmente sua voz, seus ensinos, "preferem as trevas à luz". Nossa resposta é que o verdadeiro cristão, seguidor de Jesus Cristo, nunca pode comprometer ou perder sua fé em troca da paz e da união com pessoas que não são cristãs.

Questão para Reflexão

No mundo em que vivemos, existem homens que têm a audácia de julgar e decidir sobre a singularidade da experiência cristã? Por que você se tornou cristão? Foi em parte por ter sido atraído por uma comunidade de pessoas que seguem a Jesus ou através do testemunho de suas vidas transformadas?

Conclusão

Os assuntos abordados neste livro nos prepararam com argumentos acerca da superioridade do Cristianismo. É exatamente o papel de Evidência Cristã: mostrar por meio de fatos e argumentações que a Fé Cristã não pode ser confundida com um movimento religioso sem fun- damentação histórica.

Embora o Cristianismo no seu aspecto principal se fundamente na Revelação de Deus, a humanidade, por meio da sua Palavra e da encarnação de Cristo, desfruta de uma sólida base de provas concretas que corroboram sua legitimidade. Desse modo, as evidências que atestam a supremacia da Fé Cristã não se baseiam nas sensações, em conceitos e ideias abstratas apenas. Ao contrário, podemos observar vários meios, como as provas internas e externas, que atestam a autoridade e a integridade da Bíblia, as profecias e o seu cumprimento na história, as provas incontestáveis da historicidade de Cristo e sua divindade, a contribuição histórica do cristianismo e a experiência Cristã como fatos que reafirmam sua singularidade.

Ao final deste livro, espera-se que o leitor esteja munido de argumentos e de evidências que comprovam a veracidade do Cristianismo, mostrando por meio de raciocínios lógicos, dos achados da arqueologia e das principais ideias de grandes pensadores que a Fé Cristã dispõe de fundamentos históricos e fatos cientificamente comprovados.

Exercícios

UNIDADE I – A NECESSIDADE DE EVIDÊNCIA CRISTÃ

Capítulo 1
A Importância de Evidência Cristã nos Primeiros Séculos da Igreja

Coloque (V) para verdadeiro e (F) para falso

( ) No ambiente da Palestina, onde surgiram os primeiros seguidores de Cristo, o desafio cultural era o paganismo dos judeus, que aceitava qualquer confissão religiosa que apresentasse uma divindade diferente.

( ) A hostilidade dos judeus concernente ao movimento dos cristãos se dava em grande parte pela afirmação da Divindade de Cristo.

( ) Devido à oposição das autoridades religiosas de Israel, os Apóstolos se viram intimidados e pararam de enfatizar a Divindade de Cristo.

( ) Outro desafio cultural vinha externamente da parte dos pagãos que, diferentemente dos judeus, não fariam objeção à religião cristã, desde que reconhecesse as demais religiões como legítimas.

( ) Em virtude da influência da filosofia grega presente na cidade de Alexandria, o Evangelho não conseguiu se propagar.

( ) Antes do fim do primeiro século, a presença dos cristãos no império não incomodava os imperadores romanos, inclusive alguns se mostravam simpatizantes da Fé Cristã.

( ) Mesmo diante da hostilidade dos romanos, em nome da convicção de que a Fé Cristã é Superior, os cristãos se entregaram ao martírio sem relutar.

Capítulo 2 Conceitos Teológicos
Faça a correspondência entre o termo e a sua definição.

(A) Arianismo
(B) Ebionismo
(C) Naturalismo
(D) Monismo
(E) Deísmo

( ) É a teoria metafísica que acredita ser toda a realidade uma só. Tudo no universo é composto da mesma substância.
( ) É uma doutrina ensinada por Ário, no século IV, que foi condenado no Primeiro Concílio de Niceia, em 325 d.C., por causa do falso ensino.
( ) Ensina que o universo foi criado por Deus. Porém, após a criação, Deus entregou o universo ao controle de leis e forças naturais criadas e estabelecidas para esta finalidade, não interferindo mais em seu funcionamento.
( ) Negava a divindade de Jesus Cristo e considerava o apóstolo Paulo um apóstata (desviado do Judaísmo), por defender que os ensinos de Cristo têm supremacia sobre a lei mosaica.
( ) É um ponto de vista cósmico que exclui Deus de tudo e nega tudo que é sobrenatural. Tenta explicar tudo pelos meios naturais e humanos, através da ciência e de seus métodos científicos.

Capítulo 3
As Reflexões sobre a verdade e a Fé

Marque a alternativa correta.
(A) Com relação à verdade, é certo afirmar que:
( ) Não existe paradigma para definição do que seja a verdade.
( ) A verdade pode ser relativa assim como muitos céticos têm afirmado.

( ) Para o cristão, a verdade corresponde a todas as declarações de Deus. Isso significa que Ele é o paradigma para a definição do que é verdade ou não.

(B) Sobre a natureza da fé, podemos concluir que:

( ) A palavra *fé* (pistis) no grego significa crença, total confiança, certeza inabalável e aceitação incondicional.

( ) A Fé trata de uma especulação e está condicionada a circunstâncias e momentos históricos.

( ) Devido à Fé ser meramente uma emoção, ela pode agir sem o conhecimento.

(C)Com relação às provas nas quais a fé se baseia, devemos admitir que:

( ) A prova interna é aquela que consiste nas verdades reveladas na Natureza, é a revelação geral de Deus através de sua ação, que é possível ao homem contemplar e avaliar.

( ) A prova externa é a que provém de descobertas arqueológicas, científicas, históricas, que dão apoio e sustento a nossa fé.

( ) A prova externa é aquela convicção da alma que recebemos através do conhecimento profundo de Deus e de Sua Palavra.

Capítulo 4
O Desafio do Liberalismo Teológico

Coloque (V) para verdadeiro e (F) para falso.

( ) O *Iluminismo* surgiu no século IX e teve seu apogeu no século XII. Trata-se de um movimento que tinha como ênfase o misticismo.

( ) Em virtude do despertamento da consciência crítica dos pensadores modernos, começou-se a divulgar um sentimento antirreligioso como meio necessário ao progresso.

( ) O *Protestantismo Liberal* surgiu com os filósofos alemães nos séculos XVIII e XIX, mas somente chegou ao seu ápice na primeira metade do século XX.

( ) O teólogo e filósofo alemão *Karl Barth* é conhecido como o *Pai do Liberalismo* e considerado um dos pioneiros do *criticismo bíblico.*

( ) O filósofo Kant influenciou a teologia alemã e moldou as opiniões dos teólogos liberais como nenhum outro. Os ramos liberais do mundo nos séculos XIX e XX adotaram em grande parte os seus princípios.

( ) O historiador *Edward Gibbon* foi outro intelectual que firmou as raízes do liberalismo. Ele escreveu o livro histórico *A História do Declínio e a Queda do Império Romano*, no qual ridicularizou sutilmente o Cristianismo ortodoxo.

( ) Durante o século XIX, com o surgimento de várias escolas de pensamento liberalista, cessaram-se os ataques do alto criticismo à Bíblia. Desse modo, não houve mais quem questionasse a inspiração plena das Escrituras Sagradas.

Capítulo 5
Evidência Cristã no Pós-Modernismo

Marque a alternativa correta.

(A)Sobre a definição de pós-modernismo:

( ) O termo surgiu recentemente numa conferência das Nações Unidas acerca do plano de desarmamento nuclear.

( ) Pós-modernismo é um termo atribuído ao início do Iluminismo que estabelecia a razão como o juiz de toda a verdade.

( ) O termo pós-modernismo é atribuído ao filósofo francês Jean François Lyotard, que diante de uma solicitação do Concílio das Universidades de Quebec, Canadá, sobre o assunto "*O conhecimento nas sociedades de mais alto grau de desenvolvimento*", escreveu sua resposta na forma de um ensaio que intitulou A *condição pós-moderna: um relatório sobre o conhecimento.*

(B)Acerca do pós-modernismo e do Cristianismo:

( ) No pós-modernismo, a singularidade da Fé Cristã é aceita por todos, afinal não se pode aceitar que todas as religiões tenham o mesmo valor.

( ) Na teologia pós-moderna, todas as religiões são igualmente caminhos a Deus, pois ninguém tem direito de declarar diferenças e assumir superioridade.

( ) O Pós-Modernismo abraça a posição teológica exclusivista do Cris tianismo em questão de salvação.

(C)Com relação ao pós-modernismo e à hermenêutica:

( ) Podemos afirmar que o pós-modernismo não afetou a interpretação bíblica.

( ) As consequências morais do relativismo pós-moderno aplicado à hermenêutica estabelecem uma ausência de paradigmas, deixando cada indivíduo à mercê da sua própria consciência.

( ) O relativismo dos tempos pós-modernos foi de grande importância para a preservação da correta interpretação da Bíblia Sagrada.

UNIDADE II – A BÍBLIA, O LIVRO-GUIA DO CRISTIANISMO

Capítulo 1
As Razões para a Defesa das Sagradas Escrituras

Coloque (V) para verdadeiro e (F) para falso.

( ) O raciocínio é uma faculdade dada por Deus ao homem para ser usado para a sua glória, bem como todo o restante do ser humano.

( ) Deus não incentiva o uso do raciocínio para a compreensão das suas verdades, portanto o ensino da Palavra de Deus deve atentar somente às emoções do ser humano.

( ) O cristão precisa estar pronto para responder acerca da sua fé no mesmo nível, refutando seus opositores através do bom senso, do raciocínio e da lógica, mostrando que essas "ferramentas" não são incompatíveis com sua fé.

( ) A igreja atual precisa defender, com excelência na argumentação, as Escrituras Sagradas das falsas doutrinas e mentiras levantadas contra a Bíblia.

( ) A Bíblia não apresenta respostas para os problemas do homem atual. Sendo assim, é desnecessário o uso da defesa dos princípios cristãos nessa geração moderna.

( ) As estatísticas mostram que quase dois terços dos seres humanos possuem conhecimento da existência do Cristianismo e já ouviram o Evangelho de Jesus Cristo, mas, apesar disso, somente um terço do mundo é cristão.

( ) Os agnósticos afirmam que Deus se manifesta em todas as coisas, portanto não precisamos da religião para conhecê-lo.

( ) Os panteístas são seguidores de um sistema filosófico que identifica a divindade com o mundo, do qual Deus é o conjunto de tudo quanto existe.

Capítulo 2
A Autoridade Bíblica – Provas Externas

Assinale as alternativas corretas.

(A) Acerca da Bíblia e da Astronomia:

( ) Os astrônomos de tempos passados acharam que a nossa Terra era o centro do Universo, e que tudo se revelou ao redor dela. Porém, a ciência da astronomia descobriu que a Terra é somente um dos planetas que orbitam ao redor do Sol em nosso sistema solar.

( ) A Bíblia, por ser um livro sobre a revelação de Deus por meio de Jesus Cristo, não fala nada acerca do universo.

( ) Os relatos da ciência acerca da astronomia têm sido precisos ao longo dos anos, e até os dias atuais não houve nenhuma modificação a respeito deles .

( ) Quando os astrônomos do passado declararam que a Terra era um planeta plano, a Bíblia já a tinha colocado como um círculo, um globo redondo, um fato que a Ciência da Astronomia mais tarde veio a descobrir e aclamar (Is 40.22).

(B) Sobre a Bíblia e a Arqueologia:

( ) O rei Osnapar foi, sem dúvida, o mais sangrento e brutal dos reis da Assíria. Somente no começo do século XX d.C., os textos e documentos contando a vida e o reinado dos governantes da Assíria foram decifrados. Assim, ficaram conhecidos os feitos e conquistas sangrentas do poderoso Osnapar.

( ) Tiglate Pileser III era conhecido no AT pelo nome "Pul". Durante os dias em que o rei Peca governava Israel, Tiglate Pileser III da Assíria invadiu Canaã e conquistou as cidades de Hazor, Gileade, Galileia e todo o território de Naftali.

( ) A Bíblia relata no livro de Esdras (7.11-21) como Ciro, o Rei da Pérsia, deu uma carta de decreto ao sacerdote Esdras, libertando todo o povo de Israel para sair do cativeiro na Pérsia e voltar a Jerusalém.

( ) Provavelmente não há nenhuma outra descoberta arqueológica dos últimos tempos que tem tanto significado como uma prova cabal da antiguidade e validade do Antigo Testamento como os rolos e pergaminhos encontrados no Wadi Qunran, no ano de 1947 d.C.

Capítulo 3
A Integridade Bíblica - Provas Internas

Coloque (V) para verdadeiro e (F) para falso.

( ) Não há nenhuma outra das grandes religiões do mundo que possua um Deus que mantém comunhão com sua criação e que mostre seu amor e misericórdia para com ela de tantas maneiras constantemente.

( ) É correto afirmar que nenhum outro livro de outras religiões coloca o homem numa posição tão elevada como a Bíblia.

( ) A Bíblia Sagrada não faz menção da justiça e do pecado. Seu conteúdo registra apenas a história dos povos da antiguidade.

( ) Embora a Bíblia tenha mais de quarenta diferentes autores escrevendo sob a inspiração divina, em diferentes épocas e lugares, cobrindo um período de 1500 anos, nós temos hoje, em essência, a sua integridade.

( ) A Bíblia Sagrada, por ser um livro acerca de fatos racionalmente compreensíveis, não registra milagres.

( ) A Ressurreição de Cristo é algo que deve ser aceito por fé em virtude da falta de comprovações que atestem tal fenômeno.

( ) Há evidências irrefutáveis da ressurreição de Jesus: o túmulo vazio que nem seus inimigos podiam explicar; o Pentecostes com a descida do Espírito Santo que Jesus prometeu e a milagrosa transformação na vida dos apóstolos.

( ) O Cristianismo aceita a Bíblia como a Palavra de Deus, pois preenche todos os requisitos necessários que mostram que ela procede de uma mente divina e Onisciente, e cujos ensinos respondem às perguntas dos homens.

Capítulo 4
Profecia: Respostas do Cristianismo aos Críticos da Bíblia

Indique o cumprimento da profecia utilizando a letra correspondente.

(A) Tiro (Ez 26.1-14)
(B) Sidon (Ez 28.20-24)
(C) Egito (Ez 29 e 30)
(D) Babilônia (Is 44.27,28)
(E) Profecias acerca do Messias

( ) Existem ao menos 14 detalhes distintos nas profecias concernentes a essa nação, os quais têm sido de uma maneira marcante. Aqui duas cidades em particular – Mênfis e Tafnes – tinham profecias feitas contra elas, e durante os séculos, exércitos pagãos têm cumprido exatamente as palavras dessas profecias.

( ) A cidade resistiu a todas as tentativas do rei da Babilônia para tomá-la, mas finalmente, por causa da fome, os habitantes foram forçados a se submeter. Essa resistência teimosa tan- to enfureceu Nabucodonosor que, ao conquistá-la, ele destruiu a cidade, deixando-a em ruínas.

( ) Ele seria humilde, vendido por 30 moedas, rejeitado pelo seu povo, maltratado e humilhado, na sua morte seria transpassado e suas vestes repartidas entre os malfeitores.

( ) O profeta predisse que esta cidade ia passar por muita tristeza; seria enviada contra ela a peste, e o sangue iria correr em suas ruas.

( ) Na noite em que Ciro tomou a cidade, ele desviou as águas do rio para um canal, secando o leito do rio, e cobriu os portões do rio que davam passagem à cidade, os quais nunca mais foram fechados.

UNIDADE III - OS FUNDAMENTOS TEOLÓGICOS DA FÉ CRISTÃ

Capítulo 1
A Existência de Deus

Indique o argumento que comprova a existência de Deus de acordo com a letra correspondente.

(A) Argumento cosmológico
(B) Argumento teleológico
(C) Argumento moral
(D) Argumento ontológico
(E) Jesus Cristo
(F) Bíblia Sagrada

( ) Os seres humanos são criados com uma consciência moral, isto é, a habilidade de distinguir o certo e o errado. Quem colocou essa percepção racional dentro do Homem? A Bíblia nos ensina que Deus existe e que Ele é toda a fonte de verdade e de retidão moral, atributos de um Deus imutável que sempre age dentro do seu caráter ético e moral.

( ) Podemos ver e sentir a presença de Deus na criação, seu amor, sua bondade e misericórdia para conosco, mas o caminho da salvação eterna, como viver em paz com Deus e seguir os caminhos que Ele apontar encontraremos somente na Sua Palavra.

( ) A beleza estética da natureza exigia uma mão artística e uma mente sobrenatural para compreender os efeitos da sua pintura sobre a psicologia e sistema nervoso humano.

( ) O grande universo espacial por cima de nós, com todos os corpos celestiais caindo em perfeita ordem, cada um cumprindo a sua órbita, funcionando em harmonia um com o outro, indica a existência de um Ser Superior, que além de ter criado todas as coisas, as controla.

( ) Embora seja transcendente a Sua criação, Deus é um Deus pessoal que ama e cuida da sua criação, cujos olhos acompanham todos na terra e cuja presença é constante.

( ) Deus revelou-se aos homens não somente na criação deste mundo, mas, muito especialmente, na pessoa de seu Filho, Jesus Cristo.

Capítulo 2
O Criacionismo Bíblico

Assinale (A) para o evolucionismo e (B) para o criacionismo.

( ) É importante salientar que nada veio a existir aleatoriamente como resultado do acaso. Sendo uma criatura, todo o mundo tem sua origem em Deus. Não há algo como uma matéria ou um espírito existindo paralelamente a Deus.

( ) A Escritura nos diz não somente que Deus chamou o mundo à existência do nada, mas também nos diz sobre a forma pela qual a criação foi feita.

( ) Através da evolução orgânica, as formas mais resistentes de vida sobreviverão, enquanto as formas mais fracas gradativamente desaparecerão.

( ) Além do capítulo 1 de Gênesis, existem mais de oitenta versículos nas Escrituras que claramente afirmam que Deus criou o mundo e a vida que existe nele.

( ) O processo da evolução orgânica exigiu milhões de anos de desenvolvimento. E através desse longo período, o homem passou pelos vários estágios da vida, vindo das formas mais simples e evoluindo para formas mais complexas de vida até chegar ao ser humano atual.

( ) Somente Deus é eterno e onipresente. As criaturas, por serem criaturas, estão sujeitas ao tempo e ao espaço.

Capítulo 3
A Realidade do Pecado e da Salvação

Assinale a alternativa correta.

(A) Sobre o conceito de pecado em diferentes confissões e correntes filosóficas:

( ) Os adeptos da Teologia da Libertação defendem que o pecado e o mal não são reais, mas trata-se de ilusão. A solução para ele é a libertação da mente, pois o homem é incapaz de pecar, adoecer e morrer.

( ) Segundo os humanistas, o pecado não existe. O progresso do homem dá-se mediante a razão e a compreensão de sua total independência de Deus.

( ) Para o Espiritismo, o pecado deve ser negado e combatido; a ética é relativa, e a salvação se realiza mediante o desenvolvimento da ciência.

(B) Acerca da descrição bíblica sobre o surgimento do pecado:

( ) Segundo a Bíblia, podemos afirmar a coexistência do bem e do mal por toda a eternidade.

( ) A Escritura nos ensina que a queda dos anjos aconteceu depois da queda do homem. O pensamento, o desejo, a vontade de resistir a Deus surgiu primeiramente no coração de Adão e Eva.

( ) O pecado não surgiu pela primeira vez na terra, mas no céu, na presença imediata de Deus, junto ao Seu trono. A Escritura nos ensina que a queda dos anjos precedeu a queda do homem.

(C) Sobre os efeitos do pecado como evidência da queda:

( ) Acerca da universalidade do Pecado, podemos afirmar que no momento exato em que o homem cometeu o pecado em seu pensamento e imaginação, em seu desejo e em sua vontade, uma tremenda mudança ocorreu nele.

( ) A autopercepção do pecado se deu quando os olhos de Adão e Eva se abriram e eles perceberam que estavam nus.

( ) A universalidade do Pecado não é um fato comprovado na Bíblia, portanto deve ser rejeitado por nós cristãos.

Capítulo 4
A Divindade de Jesus Cristo

Coloque (V) para verdadeiro e (F) para falso.

( ) Segundo as Testemunhas de Jeová, Cristo é divino, mas é somente um espírito universal, uma força cósmica para guiar a evolução espiritual da humanidade.

( ) No pensamento da Nova Era, Jesus é uma força espiritual que permeia todo o universo. Ele está dentro de cada ser humano – você tem de descobrir que essa força faz você ser seu próprio deus. Você mesmo é Cristo.

( ) Para os hinduístas, Jesus era um ser maravilhoso, compassivo com os

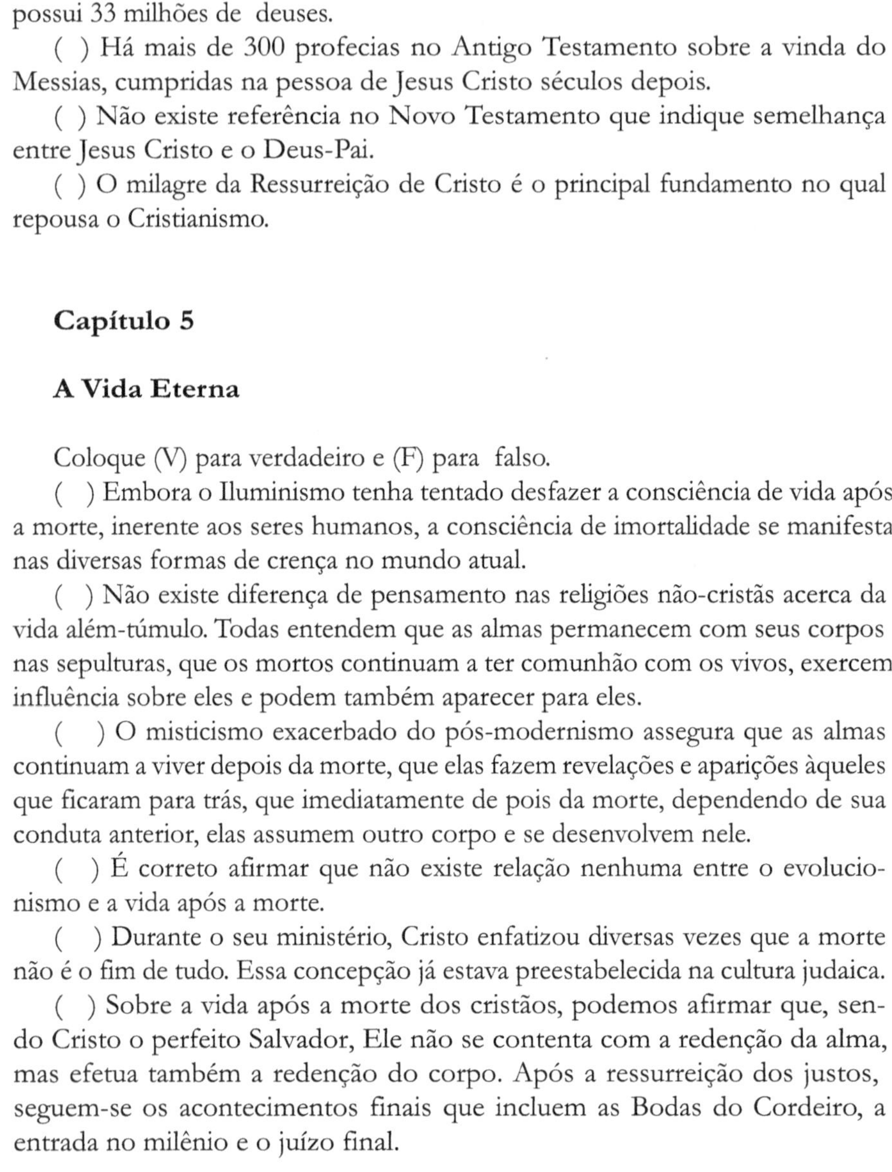

pobres. Ele toma seu lugar ao lado dos outros deuses no panteão hinduísta que possui 33 milhões de deuses.

( ) Há mais de 300 profecias no Antigo Testamento sobre a vinda do Messias, cumpridas na pessoa de Jesus Cristo séculos depois.

( ) Não existe referência no Novo Testamento que indique semelhança entre Jesus Cristo e o Deus-Pai.

( ) O milagre da Ressurreição de Cristo é o principal fundamento no qual repousa o Cristianismo.

Capítulo 5

A Vida Eterna

Coloque (V) para verdadeiro e (F) para falso.

( ) Embora o Iluminismo tenha tentado desfazer a consciência de vida após a morte, inerente aos seres humanos, a consciência de imortalidade se manifesta nas diversas formas de crença no mundo atual.

( ) Não existe diferença de pensamento nas religiões não-cristãs acerca da vida além-túmulo. Todas entendem que as almas permanecem com seus corpos nas sepulturas, que os mortos continuam a ter comunhão com os vivos, exercem influência sobre eles e podem também aparecer para eles.

( ) O misticismo exacerbado do pós-modernismo assegura que as almas continuam a viver depois da morte, que elas fazem revelações e aparições àqueles que ficaram para trás, que imediatamente de pois da morte, dependendo de sua conduta anterior, elas assumem outro corpo e se desenvolvem nele.

( ) É correto afirmar que não existe relação nenhuma entre o evolucionismo e a vida após a morte.

( ) Durante o seu ministério, Cristo enfatizou diversas vezes que a morte não é o fim de tudo. Essa concepção já estava preestabelecida na cultura judaica.

( ) Sobre a vida após a morte dos cristãos, podemos afirmar que, sendo Cristo o perfeito Salvador, Ele não se contenta com a redenção da alma, mas efetua também a redenção do corpo. Após a ressurreição dos justos, seguem-se os acontecimentos finais que incluem as Bodas do Cordeiro, a entrada no milênio e o juízo final.

UNIDADE IV - EVIDÊNCIA HISTÓRICA DA FÉ CRISTÃ

Capítulo 1
A Interação de Deus na História

Coloque (V) para verdadeiro e (F) para falso.

( ) Podemos afirmar, com base no que aprendemos nas Escrituras Sagradas, que Deus é um ser que se comunica com a sua criatura.

( ) Sendo Deus um ser transcendente, não pode ser compreendido por seres limitados. Portanto, não pode haver nenhum tipo de contato entre o Criador e a criatura.

( ) Deus fala e espera que o ouçamos. As palavras, por muitas vezes, podem se perder. Deus, no entanto, usa as imagens. Num mundo de muitas vozes, imagens e marcas, somos convidados a escutar/ ver/alcançar Aquele que se comunica.

( ) Deus não é o autor do mal, mas permitiu que ele acontecesse para cumprir Seus propósitos no mundo até o momento em que o eliminará.

( ) Se acreditamos que Deus criou todas as coisas, que Ele é a origem de tudo, logo podemos concluir que Deus criou o mal.

( ) Deus não criou coisas más, as coisas em si não são más. Quando Deus criou tudo, disse que todas as coisas da sua criação eram boas. Quando as pessoas exercem o livre-arbítrio, a capacidade de fazer uma decisão não-compulsória entre duas ou mais alternativas, elas realizam seu potencial para o bem ou para o mal.

( ) Tudo o que os homens chamam de mal, desgraça, punição, infortúnios, dificuldades, são coisas que sobrevêm ao homem por causa do pecado no mundo.

( ) A melhor forma de enfrentarmos a mal é não darmos qualquer importância a ele.

Capítulo 2
As Profecias Cumpridas na História

Assinale a alternativa correta.

(A) Sobre o império Medo-Persa:

( ) Segundo as profecias de Daniel, o chifre maior representava o Império Medo-Persa que cresceria e destruiria todos os reinos que se opusessem a ele.

( ) O carneiro corresponde claramente ao império dos medos e persas porque os dois chifres representavam, cada um, a Média e a Pérsia, e o maior simbolizava o poderio persa.

( ) Daniel previu, na época do Império Medo-Persa, que o sacrifício cessaria no Templo de Jerusalém.

(B) Sobre o império Grego:

( ) Claramente, Daniel afirma que o bode representava a Grécia, um pequeno e insignificante país naquela época, mas que estava destinado a dominar o Oriente Médio, por meio de Alexandre, o Grande.

( ) Em termos de história bíblica, o poder dos gregos atingiu o seu triunfo mais

significativo com a conquista da Babilônia, em 539 a.C.

( ) Daniel previu que os gregos destruiriam o império babilônico.

(C) Sobre o império Romano:

( ) Os quatro chifres representavam: Cassandro recebeu a Macedônia e a Grécia; Lisímaco ocupou a Trácia, a Bitínia e a maior parte da Ásia Menor; Seleuco assumiu a Síria e a área ao leste desse país, inclusive a Babilônia; Ptolomeu ficou com o Egito e provavelmente com a Palestina e a Arábia.

( ) Assim, o fato de que na visão o bode aparece como que voando, sem tocar o solo, correspondia à rápida conquista dos romanos.

( ) A história ensina claramente que o poder mundial que seguiu ao terceiro império foi o Império Romano.

Capítulo 3
A Contribuição Histórica do Cristianismo

Coloque **(A)** para Contribuição Histórica, **(B)** para Cultural, **(C)** para Educação, e **(D)** para Religiosa e Ética.

( ) Durante séculos, as únicas escolas que existiam estavam ligadas à igreja. Muitos povos, ao serem evangelizados, receberam simultaneamente a escrita e a alfabetização, como ocorreu entre os eslavos, na Europa oriental, e em muitas nações africanas.

( ) O Cristianismo moldou a vida dos povos ocidentais como os conhecemos hoje, além de exercer grande influência positiva na África e na Ásia. À medida que a fé cristã se expandia, ela elevou o padrão de vida dos povos que deram origem às nações europeias.

( ) Os valores que Jesus ensinou, como o amor, a compaixão, o altruísmo, a integridade, a veracidade e a justiça, têm trazido benefícios incalculáveis ao mundo.

( ) Caso prevalecesse a tese dos autores que defendem a extinção do Cristianismo, por uma questão de coerência vastas mudanças teriam de ser feitas na vida social desses povos. Por exemplo, o calendário teria de ser trocado por outro – a semana de sete dias, os termos "sábado" e "domingo" ("dia do Senhor") não mais fariam sen- tido, porque todos têm origem cristã ou judaico-cristã.

( ) Uma área de atuação do Cristianismo foi a ciência, não só pelo fato de que a maior parte dos cientistas ao longo da história tem sido cristã, mas pelo fato de o Cristianismo, com sua visão de um mun do ordenado e sujeito a leis fixas, porque foi criado por Deus, possibilitar o próprio surgimento da ciência.

( ) As primeiras universidades (Paris, Bolonha, Oxford) e muitas outras surgidas mais tarde (Harvard, Yale, Princeton etc.) foram criadas por cristãos.

( ) Sem Cristo e seu grandioso legado, o mundo certamente seria um lugar muito mais sombrio, triste e desesperançado.

Capítulo 4
A Historicidade de Cristo

Coloque (V) para verdadeiro e (F) para falso.

( ) O Cristianismo é único entre todas as religiões da terra, e a razão da sua singularidade está na figura histórica do seu centro: Jesus Cristo.

( ) O Jesus histórico e o Cristo da fé são pessoas diferentes. Por isso, devem ser vistos separadamente.

( ) Embora consideremos que a Ressurreição de Jesus Cristo seja um fato, não existem provas que comprovem essa assertiva.

( ) Cremos, baseados em abundantes evidências históricas, que Jesus ressuscitou corporalmente pelo poder sobrenatural de Deus.

( ) Flávio Josefo foi um historiador samaritano cujos manuscritos não subsistiram até os nossos dias, pois se perderam e deles temos conhecimento só através de pequenas citações feitas por outros escritores.

( ) Plínio, o Moço, era governador da Bitínia. Escreveu uma carta ao Imperador Trajano, na qual dizia ter matado grande número de cristãos.

( ) Excetuando o Novo Testamento, o mais antigo depoimento sobre Jesus que sobreviveu até hoje é o do escritor judeu Flávio Josefo.

Capítulo 5
A Singularidade da Experiência de Cristo

Assinale a alternativa correta.

(A) Acerca da Experiência Cristã:

( ) A Experiência Cristã não tem relevância em todas as áreas da vida humana. Trata-se apenas da dimensão espiritual.

( ) Através de Cristo, indivíduos têm sido transformados e têm começado a viver o tipo de vida que Ele exemplificou, têm surgido movimentos na sociedade, os quais têm tornado possível aquilo que a humanidade crê ser o melhor para ela com reflexos na transformação interior das vidas humanas.

( ) A razão da Experiência Cristã é o conhecimento que a pessoa adquire acerca dos principais temas da teologia.

(B) Sobre o testemunho da Experiência Cristã na evangelização:

( ) Na evangelização, o testemunho da Experiência Cristã vale mais do que qualquer outra coisa. Quem não vive o que diz crer e o que anuncia deve calar-se, pois a sua pregação seria, na verdade, uma evangelização ao contrário.

( ) A Experiência Cristã não interfere no ato da evangelização. O que importa é uma boa oratória.

( ) Jesus durante o seu ministério jamais valorizou o testemunho pessoal na tarefa da evangelização.

(C) Falando dos desafios da Experiência Cristã:

( ) Os cristãos devem estar dispostos a serem tolerantes com outras ideias. Afinal, o mais importante é a unificação do planeta.

( ) Agora é a hora para todos os crentes, apologistas cristãos, desde o mais simples crente até o mais ilustre intelectual, ficarem firmemente resolutos em defender as suas convicções sobre Jesus como o verdadeiro Deus.

( ) O mundo é conhecedor da Bíblia Sagrada. Por essa razão não aceita qualquer afirmação da mídia sobre os assuntos religiosos.

Referências Bibliográficas

Bíblia Anotada, São Paulo, SP. Editora Mundo Cristão, 1ª Edição, 1991.

Bíblia de Estudo Nova Versão Internacional, São Paulo, SP. Editora Vida, 1ª Edição, 2003.

Bíblia de Estudo Pentecostal, Rio de Janeiro, RJ. Editora CPAD, 4ª Impressão, 1997.

COLSON, Charles e NANCY, Pearcey, E Agora Como Viveremos. Rio de Janeiro, RJ: Editora CPAD, 2005.

GEISLER, Norman e BOCCHINO, Peter, Fundamentos Inabaláveis. São Paulo, SP. Editora Vida, 2003.

GEISLER, Norman, A Inerrância da Bíblia. São Paulo, SP: Editora Vida, 2003.

HIEBERT, Paul. O Evangelho e a Diversidade das Culturas. São Paulo, SP: Editora Vida Nova, 1999.

KENNEDY, James, e NEWCOMBE, Jerry, E se Jesus não Tivesse Nascido. São Paulo, SP. Editora Vida, 1ª Edição, 2003.

MCDOWELL, Josh, Evidência que Exige um Veredito. São Paulo, SP: Editora Candeia, 2ª Edição, 1996.

MUNCASTER, Ralph O. Examine as Evidências. Rio de Janeiro, RJ: Editora CPAD

RIENECKER, Fritz e ROGERS, Cleon, Chave Lingüística do Novo Testamento. São Paulo, SP. Editora Vida Nova, 1ª Edição, 1985.

SMITH, Ralph L. Teologia do Antigo Testamento: História, método e mensagem. São Paulo, SP: Editora Vida Nova, 2001.

TENNEY, Merril C., O Novo Testamento – Sua Origem e Análise. São Paulo, SP. Editora Vida Nova, 3ª Edição, 1995.

www.ingramcontent.com/pod-product-compliance
Lightning Source LLC
LaVergne TN
LVHW050547160826
845677LV00011B/2218